JN326762

人生で大切なことは、すべて旅が教えてくれた

有川真由美

GENTOSHA

人生で大切なことは、すべて旅が教えてくれた ● 目次

第1章 『幸せになりたいなら、人を幸せにせよ』—— ● 台湾

第2章

『自分の足で立てば、行きたいところに行ける』——ギリシャ

第3章

『自分の世界に誇りをもてば、輝くことができる』――フィリピン

第4章

『「変わらざるもの」のために、変わり続ける』——イスラエル（前編）

第5章

『情熱があれば、道は自然にできていく』——イスラエル（後編）

第1章

『幸せになりたいなら、人を幸せにせよ』

1

未知なる台湾原住民の村で、よく知るものに出逢う

旅をしていると、初めて訪ねる場所なのに、「初めてじゃない」と感じるものに遭遇することがある。それはきっと、記憶のなかに類似したものがあるからなんだろうが、〝その場所〟では、なくなっていた宝物のいくつかを「なんでこんなところにあるの？」と発見し、拾い集めるような感覚だった。

その場所、台湾を最初に訪れたのは、ぐるりと世界を回ってきた旅のあとのこと。インターネットのとある掲示板で偶然、こんな告知を見つけたのがきっかけだ。

「2か月間ホームステイをして本を書く日本人作家を募集しています——台湾屏《ピン》東《ドン》県政府」

台湾南部の県で日本人の団塊世代のロングステイや観光を推し進めるために、「台湾がどれだけ素敵なところか、日本人に向けて本を書いてくれ」ということら

しい。

当時、本など書いたことはなくて〝作家〟と自称できる立場ではまったくなかったが、仕事がないから時間ならたっぷりある。「タダで2か月も旅ができる！」「これで、しばらく生き延びることができる！」とセコい根性が手伝ってダメもとで応募したら、すんなりと採用された。あとから聞いた話であるが、2か月もの間、暇な作家というのは、そうそういなかったようである。集まったのは、ほぼ第一線を退いた60代から80代の元編集者やカメラマン、そして私のように、第一線に立つこともできないでいるフリーライターなど9人。それでも、私たちは屏東県政府の職員たちに大歓迎され、台湾南部のあちこちを旅することとなった。

旅の初めに訪ねたのは、三地門《サンディーメン》という山間の村だ。

ここには、台湾に最初に移ってきた先住民族14部族（一般的に台湾では敬意を込めて〝原住民〟と呼ぶ）のなかのひとつ「パイワン族」の集落があるという。

九州ほどの面積の島に、14の少数民族が長い間、外部との接触を断って各々集落をつくり、民族でしか通用しない独自の言語、文化、習慣を築いてきたのは、台湾七不思議のひとつともいわれる。それぞれが建築や彫刻、音楽など芸術性に優れた才能をもち、民族衣装も華やか。彼らは一体、どこから来て、どのようにほかの民族と交わることなく暮らしてきたのか。言語のなかに、ときどき、インドネシアやフィリピンなどの民族と共通する言葉が発見されることもあるという。

屏東市から車で1時間弱、ヤシの木を細く高くしたようなビンロウ畑の平野を走り、くねくねした山道を上っていくと、平たく黒い石を積み重ねて壁にした石板屋と呼ばれる家々や、ユーモラスに人や自然を描いた塀が現れる。モチーフに蛇が多いのは、パイワン族貴族の先祖として崇められているからだ。

そんな貴族のなかでも、もっとも高い位であるという元頭目が、伝統的な民族衣装で出迎えてくれた。体は小さいが、鹿の冠をつけ、神々しいほどの威厳をたたえている。さすがパイワン族のキングだ。が、次の瞬間、元頭目の口から飛び出した言葉を聞いて、「は？」と、きょとんとしてしまった。

「遠いところ、ようこそお越しくださいました。どうぞ、どうぞ、お茶でも飲んでいってください」

するすると流暢《りゅうちょう》な日本語が出てきたからだ。礼儀正しく、腰が低い。それは、まるで日本の田舎で、遠い親戚のおじちゃんの家に立ち寄ったような不思議な感覚だった。

この元頭目、陳さんは、台湾が日本統治下にあったとき、日本式の教育を受け、警察官として働いていた。日本名は坂本謹吾さんという。

「あなたは鹿児島のお方ですか？　はぁ、そうですか。私には昔、有馬さんという鹿児島の同僚がいましてね……」

遠い目をして、懐かしそうに有馬さんとの思い出を語り始めた。有馬さんと二人で猪狩りをしたが、あまりに大きくて運べず、その場で火であぶって食べ、残りは解体して運んだ。

「有馬さんはね、走るのが速かった。猪を追って、どこまでも走っていった。もうずいぶん前に亡くなったが、鹿児島にお墓参りに行ったこともありますよ」

そして、日本の急須と湯呑みで、おどろくほど美味しい日本茶を淹《い》れてくれた。外は蒸し暑いのに、石板屋のなかはひんやりと涼しい空気が漂っていた。パイワン族の彫刻や壺といっしょに、日本家具が置かれ、壁には、毎年の皇室カレンダーと、「謹みて正しく心よく吾れや永へに輝けり」と墨で大きく力強く書かれた額が掛かっていた。だれかの辞世の句だろうか。節度をもって真っ当にうつくしい心で生きれば、永遠に輝くことができる……それは陳さんの生き方になっていったのかもしれない。

陳さんの奥さん、ルバルバさんはパイワン族の民族衣装に、ちゃんちゃんこのベストを羽織り、足袋を履いていた。日本を訪ねたときに、買い求めたという。

「私は、日本のものが好きでね。あなたは日本で本を書いているの？　じゃあ、いい人を紹介しましょう。そうだ、今度、この村で結婚式があるから、見に来る?」

と、あれこれ気を使ってくださる。とても面倒見がいいルバルバさんは、台湾南部で暮らす日本人たちのお母さんのような存在でもあるらしい。

もともとルバルバさんは、異なる部族、ルカイ族の出身で、60年以上前、陳さんが一目ぼれをして、当時はご法度《はっと》であった異部族間での結婚をした。二つの部族は争いが絶えず、お互いが侵入してくると首狩りの刑にしていた歴史もあるという。

パイワン族の民族衣装

「みんなが結婚に大反対だったのよ。相手はちがう部族の貴族。とくに、警察官だった主人の上司は、日本人の女性と結婚させようとしたみたい。でもね、主人は、たくさんいる親族にちゃんと話をつけて、私を迎えに来てくれたの……」

「まぁ、なんて素敵」と、まるでシンデレラのような玉の輿婚についての女子トークを、原住民の村できゃっきゃとしているのは、なんとも不思議な気分だった。

陳さんとルバルバさんは、それぞれ部族の言語がちがったため、夫婦の間で交わされてきた言葉は、当時の公用語、日本語であった。

ちょうど何十年ぶりに、ルバルバさんの旧友が訪ねてきた。

「あんた、生きてたね？」と日本語で叫び、会話が始まる。ルバルバさんが取り出したメモ帳の字も、表札も、墓標もカタカナ文字だ。「ルバルバ」という名は部族の名前、日本名は「坂本セツ子」、漢名は「陳阿修」という。三つの名前をもっているのは、激動する時代を生きてきた証だ。

台湾は、オランダ統治、鄭氏政権、清朝統治に続き、1895〜1945年、第二次世界大戦終戦まで日本が統治していた。その50年の間、日本政府は台湾においてインフラ整備や産業の発展に力を入れ、隅々まで学校をつくって日本式の教育を行った。多くの台湾原住民には文字がなく、民族の掟や伝達事項は、すべて口伝えか絵に描くことで表現されてきた。日本語は初めての共通言語であり、文字だったという。終戦後は、大陸からやってきた国民党による中華民国政府が実効支配し、公用語は中国語となった。台湾にはほかにも、戦争以前から台湾に住んでいた漢民族が話す台湾語、客家《ハッカ》語もある。

ずるい。なんということだろう。旅をしながら、私はとても不公平感を覚えていた。そして、自分を深く恥じていた。

勢いに任せてやってきたのはいいが、私は台湾についてほとんどなにも知らなかった。台湾と中国のちがいも、台湾と日本の関係もよくわかっていなかった。

でも、この人たちは、日本をとてもよく知っている。いや、知っているどころか、かつての日本人がとても大切にしていたものを、大切に守ってきたように思えた。私たちの知らないところで。

台湾を知る旅は、同時に日本を知る旅でもあった。

2

台湾の人びとの美徳は、かつての日本人の美徳？

客家の人びとが暮らす村に行くと、老人が「教育勅語」をすらすらと諳《そら》んじた。

「朕《ちん》惟《おも》フニ、我ガ皇祖皇宗、國ヲ肇《はじ》ムルコト宏遠《こうえん》ニ、徳ヲ樹《た》ツルコト深厚ナリ……」

最後まで暗唱すると、結構長い。それでも、全部を通して胸を張り、そして、私に聞くのだ。あなた方はこの教えを知っていますか？　と。

「親孝行する、兄弟姉妹は仲良くする、友だちは信頼し合う。謙虚に勉強し、仕事をして能力と人格を高める。そして、すべての人を愛して、社会のために役立つ人になる……。私たちはそう教えられて育ったんです」

知らなかった。かつて日本人は、そんな教えを毎日、暗唱していたなんて。「教育勅語（教育ニ関スル勅語）」は、明治天皇の言葉として、学ぶための基本的な考え方を示したものだ。そういえば、子どものころ、「世の中の役に立つ立派な人におなりなさいね」と、近所のおばあさんから言われていたような気がする。

いつからか、真面目ぶって生きることは流行《はや》らなくなった。「人の役に立つ」なんて、あたりまえの正論すぎて、あたりまえでなくなっていた。利益や合理性を追求して、結果や表面的なものしか見なくなっていた……と、まっすぐに生きてきた台湾の老人たちを見て改めて思った。代わりに私たちが失ったものはなんだったのか。

さらに奥地の霧台《ウータイ》という村に行くと、ルカイ族特有の彫刻が施された教会があり、それを取り囲むように、かわいらしい石造りの家が並んでいた。まるでおとぎ話のなかから出てきたような芸術の村である。細い路地を散策していると、軒先の椅子に座って日向《ひなた》ぼっこをしていた老人が話しかけてきた。

「日本からですか。私は日本軍の兵士として南方に行きました」

山で暮らす台湾原住民は「高砂族《たかさご》」ともいわれていたことから、原住民の兵士たちを「高砂義勇隊」といった。この老人は戦争初期のころ、自ら志願して訓練を受け、戦地に赴いたのだとか。原住民は山でのサバイバルを熟知していたので、最前線で戦っていたという話もある。

「これ以上は話せません。秘密を守るのは、日本国と私との約束ですから。墓場までもっていきます」

えーー!? なんだかモヤモヤする。その約束、もう時効なんじゃないの? と思ったが、老人の真剣なまなざしに、なにも言えなくなってしまった。一度、約束をしたら、それをとことん守ろうとする人たちなのだ。

台湾の老人たちから、何度かこんな言葉を聞いた。

「日本人はかつて、〝公《おおやけ》〟という概念を教えてくれた。私たちは〝私《わたくし》〟から離れて、公のために尽くさなければならないときがある」

そんな教え、私はだれにも教わっていない。台湾で初めて聞いた。もっと台湾のことを知りたい、かつての日本のことも知りたい……。そんな興味から、私はますます台湾にのめり込んでいった。

3 いつでもどこでもお世話係がいる高雄生活

台湾国立高雄第一科技大学の修士課程に入学したのは、最初に台湾を訪問してから2年半後のことだった。そのころ、私は本を書き始めて猛烈に忙しくなっていた。忙しいからこそ、「このままでいいんだろうか」という不安感と、「作家として、なにか面白いことをしてみたい」という冒険心がごちゃごちゃになって、私は突き動かされるように日本を飛び出した。

暮らし始めた高雄市は、かつて本を書いた屏東県のとなり、台北から新幹線で1時間半から2時間、南下した終着の地だ。アジア有数の貿易拠点として栄えた台湾第二の大都市であり、戦前から台湾にいた本省人が多く、80代90代のお年寄りであれば、大抵、日本語を話せる。雨の多い台北に比べて、いつもいい天気だが、高雄港や愛河《アイホー》、蓮池潭《リエンツータン》など、水をたたえる場所が点在しているせいか、緑が多く、街全体にしっとりと潤いがある。

私が暮らし始めたのは、凹子底《アオヅーディー》という不思議な名前の新興住宅地だった。かつては沼地だったというその場所は、びっくりするほどの豪華高層マンションや真新しいデパート、スポーツジム、おしゃれなカフェが立ち並んでいる。どれもスケールがでかく派手である。

しかし、一歩路地に入ると、段ボール箱をひっくり返して積りたての野菜を並べる市場があったり、深夜まで食べ物のにおいが立ち込める屋台や、子どもたちが金魚すくいや輪投げを1年中やっている夜市があったりして、昭和の時代にタイムスリップしたかのような感覚に陥る。明確な新旧が、互いに「それはそれ」と認め合って共存する街である。

街はきれいに区画整備されていて、道路は4車線、5車線があたりまえ。1車線は、バイク専用で、スクーターがものすごい勢いで走り去っていく様は、まるでイワシの大群のようだ。その多くは二人乗りで、ときには、三人乗り、犬を乗せているもの、家具や布団など大型荷物を載せているものもある。のせられるものは、基本的に「なんでもあり」ということらしい。

イワシの大群のようなスクーター

暮らし始めて、やっと見えてくるものもある。最初は通り過ぎていく日常のなかで、「へ？　ちょっと待って。いまのってなによ？」と振り返って二度見することの連続だった。

まず、早朝、眼下の公園を見て、軽くおどろいたのは、そこで繰り広げられていた〝野良犬ミーティング〟だ。真っ黒な短毛の台湾犬が中心になって、他国のさまざまな雑種犬20匹ほどが車座になっている。どうやら、とても面倒見のいいお世話係の犬がいて、外部からやってきた犬にも、「今日もみんな、元気？」「ゴミを散らかさないでね」などと挨拶かたがた点検をしているようにも見える。来ない犬がいると、やってくるまで「早くこーい！」とばかりに呼び続けるか、一人、いや一匹が捜しに行く。全員参加が鉄則らしく、毎朝、決まって同じ時刻に集まり、15分ほどミーティングをしたのち解散。横断歩道は青信号で並んで渡り、それぞれのポジションに帰っていく。台湾犬は、生きていくために人間のルールも熟知している、たいへん賢い犬なのだ。

集まるのが好きといえば、台湾のおじさんたちだ。よくもまあ、いい年をしたおじさんたちが、ここまでしゃべる時間があるのかと思うほど、街の至るところにあるお茶屋さんで、ストローでお茶をすすりながら（大容量のカップ入りのお茶をストローで飲むのが習慣）、昼に夜にと、何時間もしゃべり続ける。会話の内容は大抵、人の噂話、商売の話、悩み事などらしく、アルコール抜きの井戸端会議というところ。おじさんたちは、まるでおばさんたちの集まりのように、情報を共有し合い、ともに問題解決を行うのだ。

さらに年配のおじいさんたちは、時間があるだけに、ますますよく集まる。私は、「老人学校」と呼ばれる、いわゆる老人たちが通うカルチャースクールの生徒さんたちと親しくなったのだが、そのなかのリーダー格の劉さんからしばしば電話でお誘いがあった。

「アリカワさん、演歌カラオケ大会をするので、いらっしゃいませんか？」

「みんなで山に桶仔鶏《トンヅーチー》（鶏の丸焼き）を食べに行きましょう」

とにかく、団体行動&イベントが大好きで、SNSを駆使して連絡を取り合い、イベントの詳細を決めたり、写真を共有したりするのに忙しい。ご年配でも日常的にタブレットやスマホを指先でくるくると操っているのは、さすがIT王国の台湾である。

劉さんに誘われるまま、カラオケ大会に行ってみると、場所は公園。大きな木の下に、カラオケセットとマイクをセッティングして、十数人のお年寄りたちが、かわるがわる気持ちよさそうに歌っている。人が歌っているときは、ほかの人は口ずさみ、体をゆらりゆらりと揺らして踊る。

歌は、「骨まで愛して」「北国の春」「浪花節だよ人生は」など、ど演歌。参加者の一人、林さんがもっていたノートを見てみると、まるで印刷したように統一感のある美しい日本文字で、丁寧に歌詞が書かれていた。「このノートを見て、毎日、練習しています。月1回、みんなに披露するのがいちばんの楽しみです」と、林さんは照れつつも、なんとも満足そうだ。お年寄りたちは、人生でもっとも楽しい時間を謳歌している。

公園を見渡すと、ほかにもお年寄りを中心にしたグループが何組もある。派手なウェアを着た女性のヨガグループだったり、ドレスアップした男女の社交ダンスグループだったり。日本のお年寄りたちはいま、どこかにひっそりと隠れて目立たなくなっているが、台湾では、地域でも、家庭でも、いちばん偉そうにしているのがお年寄りである。

そういえば、かつて日本にも、こういう矍鑠《かくしゃく》としたおじいさんがいたなぁと思う。近所の公園で、なぜか偉そうに子どもたちを見渡していた。よくないことをしたら、おじいさんにガツンと叱られる。でも、いいことをしたら笑顔で褒めてもらえる……おじいさんには、厳しさと優しさがあり、まわりの空気には緊張感と安心感があった。あのおじいさんたちは、どこに行ってしまったのか。台湾のおじいさんたちは、そんな幼い日に出逢ったおじいさんのことを思い出させた。

4

「みんないっしょ」が好きな台湾の若者たち

台湾で暮らし始めて、最初の課題は「車を購入すること」であった。自宅から車で30分のところにある大学に通うためである。

「安い車が欲しいんだけど」と、台湾人の友人に話していたら、数日以内に連絡が来た。

「いい車がありましたよ。知り合いが20年ほど乗ったボルボを手放そうとしているんです。保険も合わせて3万元（当時10万円弱）でいかがでしょう?」

見に行くと、車のオーナー、保険屋さん、だれだかわからないが、なぜか車のことや手続きに詳しいおじさんなどがすでに集まっていて、私以外の人びとが中国語でワイワイと話をしているうち、あっという間に車の名義変更は終了した。この地では、「～したいんだけど」と言えば、自分はなんにもしなくても、さまざまなことが進んでいくようだ。

ほかの国では、スーパーで目的のものを求めるときや、バスで目的地に行きたいときなど、だれかを捕まえ、英語で「どうしたらいいんでしょう?」と聞いても、あまり解決することはない。適当にあしらわれるか、「私は知らない」で終わることが多い。しかし、台湾南部であれば、英語よりも日本語で話したほうが早く、「あのぉ。すみません……」と、〝助けてオーラ〟を出すだけで、「どうしたの?」「なにがあったの?」「あら、この人、日本人よ。ねぇ、だれか、日本語話せない?」などと情報が拡散され、どこからか日本語ができる人がやってくる。その場に日本語ができる人がいなければ、大抵、だれかが「そうだ、友だちが日本語を話せるから大丈夫!」と言って電話をかけ、通訳をしてくれる。あぁ、なんて楽ちんで心地いいんだろう。

大学のなかでも、私はなんにもしなくてよかった。私には、学生のお世話係がついていて、「アリカワさん、今日は受講する科目をインターネットで登録しましょう」などと、私に必要なことを予測して、懇切丁寧に代行してくれた。それは、まるで広場でミーティングを開く台湾犬のお世話係のようだった。

大学の先生たちは、「アリカワさんは中国語が話せないので、みなさん、これからは日本語で話しましょう」と、授業を日本語で進めてくれた(その結果、私の中国語レベルはまったく向上しなかったが)。ときどき、ゼミのなかで討論が白熱してくると、中国語や台湾語になってしまうことがあるが、そのときは、となりの人が自然に「アリカワさん、わかりますか? いまこんな話をしているんです」と説明してくれた。

面倒くさいことでも、時間がかかることでも、とことん付き合ってくれる。そして、「私も忙しくてたいへんなんですけどね」とか「あなたのためにしてあげますから」などといった心の陰りのようなものを微塵《みじん》も見せないのは、ほんとうにすごいことだと心から感心した。困ったことが起こったときに決まって返ってくるのは、「没問題《メイウエンテイ》（問題ありません）」という私が台湾でいちばん好きな言葉だ。どんなことが起きようとも、満面の笑みで「問題ありません。大丈夫！」と言われると、「私はここで生きていける。だって、私じゃなくても、だれかが問題を解決してくれるから」という安心した気持ちになるのだった。

台湾の若者たちもまた、おじさん同様、「みんないっしょ」が大好きだ。彼氏、彼女ができると、若者であれば二人っきりになりたいと思うものだろうが、彼らはご飯を食べに行くときや、休みの日のレジャー、旅行に至るまでグループ行動だ。3〜6人の若者グループを見ると、大抵1組はいちゃいちゃしているカップルがいて、「そんなことは二人きりのときにやってくれ」と思うような行為をしようとも、まわりのだれもが平然と、淡々と過ごしている。一人で参加した人は、スマホでゲームをしていたり、用事があったら途中で帰ったりする。それでも、「みんないっしょ」は、彼らにとって、たいへん重要なことであるらしい。

ある日のこと、授業が終わって、みんなでかき氷を食べに行くことになった。

「せっかく行くなら、たくさん誘いましょう！」と、だれかが提案して、授業には来ていない学生、後輩などを電話で誘い、総勢10名以上、スクーターに二人ずつ乗り合わせての大移動となった。

高雄の西子湾《シーヅーワン》近くは、かき氷店がずらりと軒を連ね、かき氷ストリートのようになっている。それぞれの店に名物のかき氷があり、どの店の壁にも訪問者の落書きがぎっしりとされている。とろけるようなマンゴーや、シャキッと濃厚なスイカなど、たくさんの果物が豪快に山盛りになったかき氷は、夏がくると決まって食べたくなるほどの美味しさだ。ふんわりした雪のような氷の食感も、ここでしか味わえない。「台湾でなにが食べたいか？」と聞かれたら、私は迷わず「かき氷！」と答えるだろう。

さて、私たちのもとに運ばれてきたのは、とんでもなく大きなお碗に10人分以上の量が盛られたかき氷。それを、まるで鍋奉行のような人が均等に小さなお碗に分けて食す。

アメリカからの留学生、弁護士でもあるレンちゃんは、それを見て不満げにつぶやいた。

「みんないっしょじゃなくて、それぞれ一皿ずつ注文したほうが、自由に好きなものが選べていいのに。それに量と値段を考えると、ちっとも合理的じゃないわ。みんないっしょのほうが単価が高くなっているじゃないの！」

さすが市場経済の国、アメリカである。しかし、台湾の若者たちは、「だって、みんないっしょに食べたほうが美味しいでしょう？」。その意見に、異を唱える者はいない。量や値段よりも、「みんないっしょ」こそ、彼らのよろこびであり、幸せであるからだ。

「ごちゃごちゃ」で「みんないっしょ」で「問題ない」という人びとの性質は、台湾そのものの性質にも思われた。原住民、客家人、本省人、外省人……とさまざまな人びとが「ごちゃごちゃ」に暮らす台湾社会。いまだ国際的な立場が安定せず、社会にも身近にも、いろいろな問題があるけれど、「みんないっしょ」に解決していけば「問題ない」のである。

5 そこまでするかのボランティア社会

台湾で暮らし始めた当初、いたく感動したことのひとつは、おそらく世界一ではないかと思われる〝ボランティア社会〟だ。

市役所や美術館、郵便局など、街のあちらこちらに、ボランティアの札をつけた人が誇らしげに立っている。気負うことなく、時間があるときに、「ちょっと手伝います」という軽い感覚でするのが台湾流ボランティアだ。

駅には、「あなたの孫だと思ってください」という看板をもった若者が立っている。あどけない顔をした女子学生で、お年寄りの重い荷物をもつ自主的なボランティアだという。主に階段の上り下りを手伝うだけのために何時間も駅に立っている。世界中で勝手に荷物をもって、料金を要求する商売はよく見たが、なんにも要求せず、笑顔で見送ってくれるボランティアには初めて会った。

移民局に、居留証の手続きに行くと、整理券が自動で出てくる機械の前に立ち、「はい、どうぞ」と手渡ししてくれるボランティア、「もうすぐ旧正月だから、あなたのために歌います」と歌声を披露してくれるボランティアまでいた。

居留証をつくるために、スピード写真のボックスに入ると、カーテンをシャッと開けて、「ちょっと待ったー!」と、ここにもボランティアの女性が現れた。農家の方だろうか、日焼けした顔に満面の笑みを浮かべている。私の前髪と横髪を手櫛で整え、「きれい、きれい。ちゃんと目を開けて、顎を引いてね」と、写り方の指導までしてくれる。

「横の髪はたらしたほうがいいんですけど……」と、自分で整え直すと、「それはダメッ。顔が暗く見えるから」と、再び髪を耳にかけてくれる。その目はとても真剣で、私は「ここまでくると余計なお世話ではないか」と思いつつも、抵抗するのも面倒くさくなって、ボランティアさんに身を任せる。スピード写真を3枚撮ったのち、ボランティアさんはまたボックスのなかに入ってきて、「うーん、どれもよくないけど、まあ、これかな」と写真を勝手に選んでスイッチオン。写真が出来るのをいっしょに待ち、私より先に完成写真を確認して、「よし、OK！」と満足げにうなずく……。

あぁ、びっくりした。人の手を煩わせず、一人だけでことを実行するために〝セルフサービス〟の機械やシステムはあるはずなのに、他人がいちいち介入してくるのはどういうことだろう。日本の役所で、雇用の創出のために、あまり意味のない仕事を創り出すという話は聞いたことがあるが、なくてもいいようなサービスを、お金ももらわずにする人たちには初めて会った。

ともかく、私がなんにもしなくても、だれかがことを進めてくれるのは確かなようで、なんだかほっとした気持ちにもなってくるのだった。


台湾で最初の事件が起きたのは、移民局で居留証の手続きを終え、外に出たときのことだった。

んん？　私の買ったばかり（中古だけど）の車がない。たしかに目の前の駐車スペースに停めたはずなのに、忽然《こつぜん》と消えている。たった10分ぐらいの間にだ。盗まれた？　いや、鍵は手元にある。私の勘違い？　いや、ここしか停める場所はない。一体、どこに行ってしまったんだろう……。

心臓がバクバク鳴り、「こんなときは、だれに相談すればいいのか」とあれこれ思いを巡らしているとき、すぐ後ろに停まっていたタクシーのおじさんが心配そうに声をかけてきた。

「ここに停めてた車は、あなたの？　たったいま、レッカーで運ばれていったよ」

「どうして？　私、駐車スペースに停めたのに……」

と、わけがわからなくなって涙目で聞くと、

「この黄色の線は、特定の車しか停めちゃいけないの。だからレッカー移動されたんだよ」

タクシーのおじさんは、諭すように教えてくれる。なるほど。確かに普通の駐車スペースは白色なのに、どうしてここのは黄色なんだろう？　とは、ちらりと思った。台湾の交通ルールに無知だったのと、「ちょっとちがうけど、大丈夫だろう」という楽観さが、不幸を招いてしまった。なんてバカ。ここは海外なのだ。もっと注意深く行動するべきであった……と落ち込む私に、おじさんは、パーフェクトに優しく声をかけてくれた。

「大丈夫！　車がレッカーされていった場所ならわかる。いまから行けば、すぐに取り戻せるよ」

「ほんと？」

「ほんとさ！　私が連れていってあげよう」

さすが台湾。だれかが助けてくれるってことだ。タクシーのおじさんは、私を車がある場所に連れていく間、何度も「没問題」という私の大好きな言葉を繰り返した。幸運にも英語がいくらか話せる人で、「大丈夫。たぶんレッカー代と駐車違反の料金を合わせて３０００元ぐらいかな。手続きは15分くらいですぐ終わるよ。それからパスポートと免許証を用意してね」などと、順序立てて丁寧に教えてくれた。まるで弱きを助けてくれるヒーローのようだ。

目的地に着くと、ちょうど私の車もレッカー車で到着したばかり。「あったー。あれあれ、私の車！」と叫び、おじさんといっしょに握手してよろこび合った。

この親切なおじさんに出逢えて、私は本当にラッキーだった。タクシー代金は思ったより高かったが、そんなこと、どうでもいいではないか。こんなに温かい気持ちになって、車も無事に戻ってくるんだから……。

そして、おじさんが「もう駐車違反しちゃダメだよ」と言ってさわやかに去っていった直後、私は「ありがとう〜！」と大きく手を振りながら、やっと気づいたのだった。

「げ。やられた。警察に通報したのは、あのおじさんだ……」

おじさんは、交通ルールがよくわかっていない外国人が駐車違反をすることを見越して移民局の前で待ち伏せ、罠に掛かった車を通報したのだろう。おじさんは、通常よりいくらか高めのタクシー料金が稼げれば、それでいいのだろう。おじさんはいつもこの手を使っているのだろう。

警察のレッカー場所や手続きに異常に詳しいこと。それについては、教科書のような英語で話すのに、ほかの英会話はあまりできないことなど、「なるほど。それでか」と納得できる。それよりなにより、私は混乱してすっかり忘れていたが、最初に駐車したとき、確かにおじさんは後ろにいて、それを眺めていた。本当に親切な人であるなら、「ここに停めちゃダメですよ」と、そのとき注意してくれればよかったではないか。

あまりにも安心しすぎてしまうと、こんな目にあってしまう。この事件は、台湾社会をまっすぐに見ようとするきっかけになり、いくらかは「有問題《ヨウウエンティ》（問題がある）」台湾社会に入っていくための洗礼でもあった。

6
大震災と愛と社会性と……

日本で大きな震災が起きたのは、台湾で暮らし始めて約1年後のことだった。台湾の人びとは、すぐに動き始めた。大学の学生たちは、大学近くの商店から寄付してもらえる商品を集めてバザーを開き、その収益を寄付金にした。高校生たちは、東北の心を痛めている人に向けて、せっせと日本語でイラストを交えて手紙を書き、千羽鶴を折った。

私が日本人であることを知る市場のおじさんは、私を見かけるとすぐに駆け寄り、「たいへんだったね。ご両親は大丈夫？　私も3万元（約10万円）寄付したよ」と声をかけてくれた。貿易会社を営む女友だちも、「日本の方には日ごろお世話になっていますから、日本円で100万円送ります」と、太っ腹な寄付をしてくれた。コンビニの透明な募金箱は、いつもお札があふれていた。テレビのチャリティイベントでは、台湾の総統や芸能人たちが協力を呼びかけ、企業や個人からの義捐金《ぎえんきん》は200億円にも上った。

台湾はひとつの目的のために、ひとつになっていた。彼らは普段から、愛情をもって日本を見つめていて、「困っている人がいたら助けるのはあたりまえ」と口々に言い、日本の関心が台湾になくて「片想い」などと言われようと、日本からの感謝やお礼が十分でなかろうと、「没問題」なのであった。

すごい。海の向こうの人たちのために、こんなに労力を惜しまず、身銭まで切れるなんてと、私は驚きと尊敬をもって台湾社会を見つめ、その底力を実感していた。私たちが反対の立場であったら、こんなに大きなことができただろうか。

そして、私は気づいたのだ。台湾の人びとが親切なのも、進んでボランティアや寄付をしようとするのも、これはきっと長きにわたってつくられてきたこころのクセなのだ。思えば、台湾で暮らすようになっても、人びとにはギスギスした世知辛さはまったくなかった。「〜のためにやっている」という押し付けがましさや、「これをしたからどうだ」という損得勘定や、「すごいことをやっている」という特別な気負いはなく、だれもが「自分にやれることをする」「困っている人がいたら助ける」というごくごく自然な流れで行っているのだった。

彼らのなかにはきっと無意識のうちに、「人をよろこばせることは、自分をよろこばせること」というロジックが染みついているのではないか。ここでは、「自分の幸せ」を突き詰めていくと、「人を幸せにすること」に突き当たる。「この世で徳を積んだら、いい来世が待っている」という宗教的な教えも、ちょっとは関係しているのかもしれないが。

日本でもほかの国でも、だれもが幸せになりたいのは同じはずなのに、この

「人のため＝自分のため」というロジックは日本では成り立たない。自分の幸せを考えていると、人の幸せを考える余裕はない。突き詰めていくと、「自分さえよければいい」という「個人主義」にさえ陥ってしまうことにもなる。困っている人がいても、電車でお年寄りが立っていても、自分に余裕がなければ見ないフリをしてしまう。

しかし、待てよ、とも思う。地縁、血縁などの縁が分断され、人と関わらないことがラクな「個人主義」が進んでいるのに、一方では、人から外れることを恐れて、言いたいことは言わない、目立ったことはしない、場の空気を敏感に読んでまわりに合わせようとする「社会性至上主義」が同時に進むというパラドックスが起きている。すべてが自由で自己責任の「個の時代」だからこそ、日本社会においては「人と同じであること」が安心感になり、人とちがうことをして「外れること」は、たいへんリスクの高いこととなる。生きていくうえでは「人からどう思われるか」という人の目が基準になり、社会に同調することが、なによりも優先されるのだ。空気を読みすぎて、コミュニケーションが煩わしくなり、人間関係に疲れ、あげくラクなほうに流されて、さらに人びとは個人化スパイラルにはまっていく。もしかしたら、私たちは、世の中のことも、自分のことも、信じられないのかもしれない。

一方、台湾も別な意味でたいへんな「個人主義」だともいえる。人とちがっても、「私は〜したい」「私は〜が好き」とはっきりと自己主張する。人目を気にせず、無理に人に合わせることはない。ときには、びっくりするほど、激しくぶつかり合う。知り合いのカップルが喧嘩して警察が出動する事態になったこともあったし、電器店にクレームを言いに来た若い女性が窓をたたき割っている現場も見た。気の小さい私は、心臓が止まりそうになり、ひとごとであっても、しばらくは「大丈夫なんだろうか」とモヤモヤ心配し続けるが、当の本人たちは、いつの間にかケロリと仲直りをして、ニコニコ抱き合ったりしている。こちらは気持ちの高ぶりが収まらず、「あれはなんだったのか?」という気分になる。

台湾の人たちが恐れることなく、自己主張できるのは、人とちがっても社会の大きなコミュニティのなかで「外れることはない」「だれかが助けてくれる」という人間関係のセーフティネットがあり、信頼感があるからなんだろうと思う。

台湾の社会性とは「人をよろこばせること」であり、日本の社会性は「人から外れないこと」なのかもしれない。「人をよろこばせること」はたいへん積極的な〝意志〟であり、「人から外れないこと」は、たいへん消極的な〝制限〟である。

さて、私は、これからどんなふうに社会と関わって生きていこうかと考える。

私は、自分を生きていきたいから、自分のやれることを提供していくことにする。人から外れても、人とぶつかることがあっても、「それはそれ」として受け入れることにする。社会のなかでの消極的な〝安心〟より、一人一人との積極的な〝信頼〟を築いていくことにする。縮こまって生きるより、伸び伸びと生きたいではないか……。

じつは、一人一人がちがっていても、個人主義であろうとなかろうと、だれもがどこかでちゃんとつながっているという真実は、あたりまえのことなのに、うっかり忘れかけていたことかもしれない。

7
台湾交通部観光局の顧問。そして帰国……

「アリカワさん、西拉雅《シラヤ》という地域の観光顧問になりませんか？」

そんな話を観光局からいただいたのは、台湾生活が始まってすぐのころだった。

西拉雅は台南県にあり、「愛文《あいぶん》」というそれはそれは美味しいマンゴーの産地である。美肌効果の高い泥湯の「関子嶺《グァンヅリン》温泉」がある。そんな下心もあり、「私でお役に立てるなら」と軽く引き受けたが、ここでも私は自分の無知を思い知らされることとなった。

「日本人として知っておくべきだった」と深く恥じ入ったのは、西拉雅にある烏《ウー》山頭《シャントウ》ダムを造った日本人土木技師、八田與一《はったよいち》氏のことだ。八田は不毛の大地、嘉南平野に東アジア最大のダムを造り、1万6000キロの水路を張り巡らした。いまでもその灌漑《かんがい》システムは使われ、この地は台湾の豊かな穀倉地帯になっている。日本ではあまり知られていないが、台湾の教科書にも出てくる、もっとも尊敬されてきた日本人の一人だ。

八田が台湾に着任したのは24歳のとき。当時の日本政府は、若くても能力のある人材を積極的に登用していたのだろう。人情味のあるリーダーとして、日本人からも台湾人からも慕われていた。関東大震災が起きてダム工事が中断したとき、八田は、「能力のある人は、すぐに仕事が見つかるから」と、弱者を残し、上層部からリストラを行った。現代の「自分たちさえよければ……」という保身の企業体質とは真逆である。八田に恩義を感じているのは土木作業員だけでなく、用水路を引いてもらった農民、そこで生きる人びとなど限りない。

八田と外代樹《とよき》夫人がともに眠る墓はダムの傍らにある。当時、台湾の人たちがわざわざ花崗岩を取り寄せ、日本風に造ってくれたものだ。いまも千羽鶴やお花などが絶えず、毎年、八田の命日には追悼記念会が開かれている。八田への感謝は、時代を超えて、しっかりと受け継がれている。

２０１１年、八田の家族と土木作業員たちが暮らしていた日本式木造家屋４棟が烏山頭ダムの近くに再現され、「八田與一記念公園」としてオープンした。台湾で暮らした日本人たちのことがよくわかる場所だ。思わず「懐かしい！」と叫んでしまうほど、昭和の家が忠実に再現されている。いがぐり頭のいたずらっ子たちが、この家からバタバタと走り出てきそうだ。

当時、このあたりに日本式の家屋が立ち並び、台湾人と日本人、合わせて数千人ものダム関係者が暮らしていたという。八田は「生活が安定していなければ、いい仕事ができない」と、日本から労働者の家族も呼び、いっしょに夏祭りや寄《よ》席《せ》などを楽しんだ。

公園で偶然、この場所に住んでいたという94歳のアゴン（おじいさん）、陳彩宮さんと出逢った。宿舎の復元は、半分ぐらい、陳さんの記憶がもとになっているという。

陳さんは奥さんと子ども、孫……と一家総出でやってきていた。「私たち夫婦の結婚式では、八田さんの家族が、家内に化粧をして、祝ってくれました。このあたりには、テニスコート、公衆浴場、その横に集会所、防空壕があって……。みんなでお祭りをして、いっしょに踊って賑やかだったねぇ」と、当時の様子をうっとり微笑みながら教えてくれた。

ああ、そうだった。地域の人々や家族との距離が近かった時代、日本人も「みんないっしょ」が好きだった。みんなのために「なにをすべきか」を考え、「自分のできることをする」……そんなふうに人と関わっていくことは、ごく自然なことだった。

いや、もしかしたら、いま私たちは忘れているだけなのかもしれない、とも思う。かつて日本には「恩送り」という言葉があったという。恩のある人に、直接返すのは「恩返し」。しかし、恩返しができないことも多い。そのときは、別の人に「恩送り」をする。恩返しは二人だけでしか成立しないが、恩送りであれば、垣根を越え、時代を超えて多くの人びととの間に、親切や愛情を送ったり送られたりの関係が成立していく。台湾人のすばらしきこころのクセというものは、かつての日本人のクセでもあったのかもしれない。

4年間暮らした台湾から帰国して、半年が過ぎた。長い旅だった。私はかつてと同じ日常に戻りつつあり、台湾で暮らしていたことを忘れているときもある。変わったことといえば、他人に対してのお節介な気持ちが大きくなったことだ。年のせいだろうか。いや、以前は自分のことに手一杯で他人のことに興味がなかったのかもしれない。

日常のなかで、困っていそうな人がいると、つい口を出し、手を出してしまう。「だからなに」ということはない。面倒だとも思わない。問題が少しでも解決できれば、それでいいのである。

どうやら私は、台湾の人たちのクセが少しばかりうつってしまったらしい。日本社会にも「ごちゃごちゃ」といろいろな人がいるけれど、「みんないっしょ」に生きているし、大抵のことは「問題ない」と楽観的に考えてしまうので、人と関わることも、なにかに挑戦することも増えて、やたらと忙しい。

しかし、人の幸せを自分のよろこびとして生きていくだけで、人生は何十倍も楽しくなることを、私は知ってしまった。人は、よろこびのあることしかしないものだ。台湾の気候のように、あのじっとりアツい日々で学んだ教訓は、こころの奥のほうでひっそりと息づいている。

第2章

『自分の足で立てば、行きたいところに行ける』

1

たしかにこの世のものとは思えない絶景、サントリーニ島

その旅は、現実離れした旅であり、同時に、現実を生きるための力を与えてくれる旅でもあった。

ほとんどの旅で、いくらかはそう感じるのだが、その後つぎつぎに起こり始めた奇跡のような出来事は、ギリシャへの旅でなければ、けっしてありえなかっただろうと思うのだ。

ギリシャという神秘的な土地柄と、どこか浮世離れした人びとのなかに一時期身を置いたことで、私の人生は、なにか〝覚悟〟のようなものをもって、大きく前進し始めた。

地方の新聞社を辞めてフリーライターになった年の暮れ、ギリシャのサントリ

ーニ島を訪ねたのは、私のなかで三つの条件が重なったからだ。

まず、ずっと前から村上春樹の旅エッセイ『遠い太鼓』に出てくるギリシャの島々に興味をもっていたこと。世界的大ベストセラーを生み出した長期旅行の舞台裏に思いを巡らしながら、いつかこのような「旅をしながら執筆をする」という暮らしをしてみたいものだと、ぼんやり考えていた。

そして、偶然見たテレビ番組でサントリーニ島が「世界一夕陽がうつくしい島」と紹介されていたこと。「この世のものとは思えない神秘的な光景……」というようなコメントに、そんな世界があるのなら、ぜひとも一生に一度は見てみたい、と頭の中でぼんやりしていた島の輪郭がだんだん現実味をもって現れてきた。

もうひとつは、ある客船の旅で知り合ったギリシャ人のキャプテン、スピロスとメールを交換していて、彼が「サントリーニ島でホテルを経営しているから、旅行するときは泊めてあげるよ」と言ってきたことだ。

「え？　サントリーニ!?」

頭のなかに〝サントリーニ〟という地名がどかんと腰を下ろして動かなくなってから1か月後のクリスマス直前、仕事がなかったこともあり、私はサントリーニ島にふらりと降り立っていた。

白い口髭を生やした、気のいいおじさん、スピロスの真っ白いホテルは、島の東側、カマリビーチの近くにあった。サントリーニ島は、夏の間はヨーロッパの主要都市から直行便が出ていて、観光客でごった返しているリゾートだが、10月になると、だれも来なくなり、ほとんどのホテルやレストランは休業する。ホテルに宿泊するつもりでやってきたのに、客室には暖房設備がなく、私はスピロスの娘がかつて使っていたという子ども部屋に泊まることになった。

アメリカ人の妻と娘は、数年前に離婚して出て行ったという。子ども部屋はなぜかピカチュウのベッドカバーで、ドラえもんやアンパンマンのぬいぐるみも置かれていた。スピロスが船で日本に行くたびに、若い妻と幼い娘のためにあれこれお土産を買い求めていたのだろう。

スピロスは、どこまでも気のいいおじさんで、

「自由にティラ（地元の人はサントリーニ島のことを〝ティラ〟と呼ぶ）を楽しんでくれ。夜ご飯だけは、いっしょに食べよう」

と言ってくれたので、私はお言葉に甘えて、毎日、島を歩き回り、写真を撮り、エーゲ海を眺めてぼんやりと考え事をし、夕方にはホテル（というか家）に戻って、スピロスと食事をした。

ランチは、いつも地元の人が行くタヴェルナ（ギリシャ料理のちいさなレストラン）に一人で入り、グリークサラダとパンを食べた。ほかのメニューがよくわからなかったこともあるが、グリークサラダは、ハズレることがなくて、案外、ボリュームがある。キュウリ、トマト、玉ねぎなどのぶつ切りに、ねっとり、かつ表面がポロポロとしたフェタチーズ（羊や山羊のチーズ）とオリーブの実をのせ、オリーブオイルをかけただけのシンプルなもので、野菜の甘さとフェタチー

ズのしょっぱさが絶妙な味わいなのだ。

ほかにすることは、なにもなかった。限られた条件のなかで過ごす時間は、とても穏やかで、伸び伸びとしたものだった。


サントリーニ島は、ちいさな火山島を囲むように三日月形をした、南北に細い島だ。不思議と、火山島があるところも、地形も、私の郷里である鹿児島に似ているように思える。

かつてここには、優れた文明をもつ幻の大陸、アトランティスがあったという説もある。火山の噴火によって一気に海底に沈んだとされ、三日月の内側部分は断崖絶壁で、何十層もの地層がバッサリと切り取られたように、むき出しになっている。

その急な斜面の上部に、白亜のギリシャ建築がへばりつくように建っていて（海賊がすぐに襲ってこないように崖の上に建てたとか）、夕刻には白亜の壁が、やわらかい暖色から寒色へと移り変わっていく。
最初にそれを見たときは、あまりのうつくしさに息を呑み、感動で涙ぐんでしまったほどだ。自分がいる場所が現世とは思えないほど、神々しい光景なのだった。

しかし、オフシーズンといっても、これほど閑散としているとは思わなかった。地元民のためのちいさな食料品店とタヴェルナ以外、レストランも土産物店もバーも、ぜんぶ閉まっていて、人がほとんど歩いていない。旅行者はいないし、島の住人たちもオフシーズンは、「夏の間は休みなく働いたんだ。冬まで働いていられるか！」とばかりに、夏に稼いだお金をもって常夏のリゾートに出かけているという。スピロスいわく、

「ギリシャ人はお金に困らなくなれば、それ以上は

サントリーニ島のうつくしい街並み

働かない。人生は短いんだ。できるだけ楽しく遊んで暮らしたほうがいいだろう？」

そんな国民性は、このあとの旅でびっくりするほど実感することになるのであるが……。

この島の冬場は思ったよりもずっと寒かった。建物などの障害物が少ないからか、強風が吹き荒《すさ》むなか、私は寒さを吹き飛ばすように歩き回り、ひっそりとした街並みや、ときどきにょきっと顔を出す、人懐っこい猫たちの写真を撮り続けた。

歩いていると、60～70代の白髭を生やした、陽気なおじさんたちが、かなりの確率で声をかけてくる。会話は大抵、同じ流れだ。

「ジャパン？」から始まり、「トーキョー、コーベ、ヨコハマ……」と、港町の名前をあげて、「昔、船で行ったことがある」と言う。海運国ギリシャ、しかも島出身の老人たちは、かなりの確率で、国際航路の船乗りだった経歴をもっている。

なかには「日本人のガールフレンドがいたよ」とか「日本女性が大好きなん

だ」とか「あなたも美しいね」とか、リップサービスも忘れない。地味な老人に見えるが、ギリシャのおじさんたちは、まったく枯れていない。チャンスがあれば女性を口説く、現役だ。

スピロスは安心できるおじさんではあったが、そんな彼でも、女性へのサービス精神は旺盛。年末の私の誕生日をなにで知ったのか、その日朝起きると、リビングには、大きな薔薇の花束とケーキが用意されていた。

「ギリシャの男は、女性をよろこばせることばかり考えているんだ」とか。外食するときも、家でも、いつもご馳走してくれるので、

「たまには私が奢るわ。日本では、女性が支払うこともあるのよ」

と言うと、スピロスは真剣な顔で首をぶるぶると振り、

「それはいけない。ギリシャでは、絶対に男が払うものだ。絶対に」

と譲らないのだった。

ギリシャの海の男たちは、陽気で親切でロマンチストで、けっして嫌味ではな

く、〝格好をつけること〟を美徳として生きていた。

そんな生活が1週間ほど続いたのち、スピロスが突然、こんなことを言ってきた。

「じつは、船の仕事が入ってイタリアに行くんだが、マユミはいたいだけいればいいよ。あとのことは、親戚や従業員に頼んでおくから」

そう言われても、なんだか心細いので、私も島を離れることにした。帰国の飛行機まであと1週間ほどある。アテネやメテオラ遺跡などをぶらりと観光して帰ろう……。

こうして、予定を変更したことで、そののち人生が変わるような出来事が起こったのだ。旅はなにが起こるかわからないから面白い、といまさらながら思う。

2 アテネでのふわふわ浮かれた恋

フェリーでアテネに着いて、私はかつて何度かメールのやり取りをしていたギリシャ人のことを思い出した。

そのころの私はジャーナリスト志望で、現地の人びとから生の情報を聞くために、インターネットの掲示板などで知り合った人と交流することがあった。そんななかで知り合ったのが、アレックスという32歳の銀行員だった。

私の拙《つたな》い英語に、彼は最初はいたずらメールと勘違いしていたようだが、そうではないとわかると、急に親切になった。

「失礼なことをしました。もしアテネに来ることがあったら、お詫びにご案内します。いつでも連絡ください」

そんなメールに電話番号が記してあったことをふと思い出し、連絡してみた。

「ようこそ、アテネへ。ちょうど仕事も休みなので、ディープなアテネにお連れしましょう」

そう言ってやってきたのは、小太りのギリシャ彫刻のような、たいそう濃い顔の青年だ。ガッハッハッハッと豪快によく笑う。よくしゃべる。よく質問する。

グイグイとリードしていく、肉食系ギリシャ男に、私は圧倒されながらも、どんどん惹かれていき、数日後、「彼は運命の人かもしれない」とまで思ってしまっていた。

それには、バカみたいに浮かれた理由があった。当時、私は長く付き合った恋人と別れたばかりだったのだが、ある方に勧められて遊び半分で書いた「つぎの恋人の条件10か条」に、彼、アレックスがピッタリ当てはまっていたからだ。

その条件とは、いま考えても、とんでもなく非現実的で幼稚なものであった。

「年収5000万円以上」「つねにレディファースト」「3か国語以上話せて頭がいい」「身長は170センチ以上でがっちり体型」などなど。そんな人が身のまわりにいるとは到底思えない。いたとしても、美人でもない40前の女を好きになってくれるとも思えない。

しかし、世界は広いではないか。マーケットを日本ではなく、世界に移したら、そんな奇特な人がいるかもしれないじゃないか！　と密かに念じていたところ、突然、目の前に現れたのだ（いや、年収などは事実ではなく、私がそうだと思い込んでいたのであるが）。

たいへん厳しい条件を満たす人が、こんなにすぐに現れるなんて、ギリシャ神話の神様、ありがとう！　と、私はこころから感謝した。

アレックスは数日間、たしかにディープなアテネを案内してくれた。骨董品が並ぶ蚤《のみ》の市、友人が経営するレストランやクラブ、日曜日にいつも通っている教会……。母親と祖母といっしょに暮らす自宅にも連れて行ってくれた。

私たちは、お互いに、ものめずらしい相手との恋に夢中になり、アレックスの友人たちも家族も、とてもフレンドリーに迎えてくれ、私は突然、ふってわいた幸せを疑うことがなかった。

まるで夢を見ているような展開であり、その後、いったん帰国したものの、予定していた仕事がキャンセルになったので再びアテネに舞い戻り、アレックスの家に長期滞在することになったのである。

3

圧倒的な過去の遺産と現代ギリシャ

ギリシャ人がよく、「私たちはいまも、紀元前の遺産で生きている」「紀元前がギリシャの全盛期だった」と自虐的なジョークで言うだけあって、ヨーロッパ文明発祥の地であるギリシャは、その圧倒的な〝遺産〟の恩恵を受けて存在しているようなところがあった。

実体はなくても、自分の力でなくても生きていける。すでにもっているものがあれば、それでいいじゃないか。それ以上、なにを望むのか……とギリシャ全体が主張しているようだった。

お気楽で道楽好きで人情味のある国民性もあり、ギリシャは、無理に「変える」ことよりも、頑固に「変わらない」ことを選び続けて生きてきた。それは「伝統を守る」というような積極的な意志があったためだけでなく、「それ以上はないから」と、現実をどこかであきらめていったようにも思えた。人はすでにもっているものがあれば、なにかを得ようとする強いエネルギーは働かないものかもしれない。

現代にも通用する"過去の遺産"が多数あるアテネ

しかし、それは同時に、"過去の遺産"が、現代でも通用するほどの、とんでもなく永続的な力強さをもっているということでもあった。

サントリーニ島の白亜の街や、天空に突き出た奇岩の上に造られた修道院メテオラ、パルテノン神殿のそばにあるすり鉢状の音楽堂オデオンなどは、いまも現役で使われている。

紀元前の哲学者、ソクラテスの「無知の知」や、プラトンの「イデア論」は哲学の源流になっているし、直接民主制のポリスや、スポーツの祭典オリンピックも生まれた。三平方の定理のピタゴラス、円周率を計算したアルキメデス、臨床医学の父と呼ばれるヒポクラテスなど、ここで紀元前6〜紀元前3世紀に生まれた人間の知恵と知性は、ヨーロッパ文化の基礎を築き、現代に至るまで世界中に大きな影響を及ぼしている。古代ギリシャには型破りの天才が集まっていた。

なかでも、私が感銘を受けたのは、ギリシャ彫刻であった。

アテネの国立考古学博物館で、遺跡から発掘された紀元前の作品、ポセイドンやアルテミス、アフロディーテの彫刻を見たとき、そのうつくしさに足がガクガクとなったほどだ。毛細血管が浮き出たような腕や、地を踏みしめて力の入った足の指、複雑な表情の顔には、まるで魂が宿っていて、いまにも動き出しそうなほど、あまりにも自然で、あまりにも力強いのである。

考古学博物館の解説員が、こんなことを言っていた。

「彫刻家は、人体のすべての筋肉を理解していなければ、それを表現できない。ひとつひとつの筋肉は、どんな大きさでどんな特徴があるのか。片手を上げたら、足のどの筋肉が動くのか、どこに負担がかかるのか、すべて知っておく必要があるんです」

それまでの古代彫刻というものは、まるでお人形のように、一定の表現の様式があって、どこかぎこちないものだった。

ところが、ギリシャ芸術が洗練されていくにしたがって、「ものごとをあるがままに表現する」という徹底的な写実主義（リアリズム）が台頭し、自然がそうであるように、「調和（ハーモニー）とバランス」を伴うようになった。

だから、生き生きとした躍動感があって、自然のリズムに即していて、まったく〝違和感〟のようなものを覚えないのである。違和感がないというのはすごい。

それは、単なる自己満足の芸術ではなく、客観性をもって「人を感動させること」「人をよろこばせること」に軸足を置いた作品であるように思えた。

二千数百年のときを超えて、古今東西の人びとが感動するなんてすごいことではないか……と思い、私は何度も、考古学博物館に通った。紀元前の歴史と文化を知れば知るほど、「人間とは、かくも偉大な能力があるのか」「いい仕事をするじゃないか、古代人！」と痛快な気分になるのであった。

が、しかし、それを受け継いだはずの現代ギリシャ人の行動を見ると、「おや？」と、首をかしげたくなったのだ。

断っておくが、私はギリシャもギリシャ人も大好きだ。一生をかけて、できるだけたくさんの国に行ってみたいと思っているので、大抵の国は、「一度行ったから、つぎは別の国に行こう」となってしまうが、ギリシャは特別で何度でも行きたいと思う国だ。

鮮やかなエメラルドブルーのエーゲ海以上に、私はギリシャ人の〝気質〟に惹かれている。と同時に、たいへんイライラして心をかき乱される。まるで思い通りにいかない恋愛のように、たくさんの〝好き〟のなかに、〝嫌い〟というか、〝合わない〟があったとしても迷わずつき進むし、それがあるからこそ一層、「ああ、自分はよっぽど好きなんだ」と感じてしまうような……。

みんないい人たちだ。家族思いで、お人よしで、道楽好きで、いつも笑って暮らしている……というイメージ。異国との接触が多いために、国際感覚に優れていて、子どもからお年寄りまで、英語はもちろん、フランス語、イタリア語など、2〜3か国語を習得している。が、どうやら、〝勤勉〟とか〝努力〟という言葉とは無縁のようで、「よく働く」「よく勉強している」という人に、滞在中、ほとんど会うことがなかった。いや、いたにはいたんだろうが、なかなかお目にかかる機会がなかった。

ひとことで言うと、〝マイペース〟な人たちなのだ。

郵便局でも、デパートでも、お客そっちのけで、友人との電話や、同僚とのおしゃべりに忙しい。土産物店のおじさんも、旅行客の女性とおしゃべりするのに忙しい。とにかく、だれかとコミュニケーションをとるのが大好き。

メールを打つのは面倒らしく、いつも電話でおしゃべりをする。仕事の会議をしていると、だれかの携帯電話が鳴る。大抵は、流行りの音楽など派手な着信音だ。日本だと、「すみません」と席を立って出るか、切ってしまうかだろうが、ギリシャでは、だれもが堂々と電話に出て、堂々とその場で話す。その間、会議は中断し、ほかの人びとは、電話が終わるのをひたすら待つ。そして、会議が再開するとまた、だれかの派手な着信音が鳴り、会議が中断……と、いつまで経っても終わらない。いつの間にかギリシャワインを飲んでいる人が現れて、もう会議どころではなくなる。

いや、最初から仕事の話など、ほとんどしていない。「この前、ヨットで島に遊びに行ってね。すごくよかったから、今度は、みんなで行こうよ」というレジャーの相談、「あそこの社長、奥さんに浮気がバレたらしいよ」というゴシップネタなどがおもな話題だ。

私がこのような場面によく遭遇していたのは、軽い仕事の面談や会食に、家族や恋人を伴うのは、よくあることだったからだ。「家族ぐるみの付き合い」はむしろ大歓迎。ときどき、妻ではなく愛人を同伴して微妙な空気が流れても、それはそれで、「秘密を共有している」という親密な間柄になったりする。

アレックスも、ご多分にもれず、マイペースな人だった。

「明日は港の近くでランチをしよう。そうだ、友だちのコスタスとエレナも呼ぼうよ」などと言って電話をするが、翌日になると、昼過ぎまで寝ている。

「もう2時なんだけど、ランチには行かないの？」と言って起こすと、「ごめんごめん。楽しい夢がなかなか終わってくれないから、仕方なかったんだ」と、正々堂々と言い訳にならない言い訳をする。コスタスたちも、最初からランチに行く気はなかったようで、夕方になってから合流したり、1週間も経ってから「先週は会えなかったから、いまから会おうか」という話になったりするのがつねであった。

どうやら、〝約束〟という概念が、私がこれまで考えてきたものとはちがう。約束は当然、「守らなければならない」と思って生きてきたが、「〜したいね」という感覚、たとえば、「明日、行きましょう」は、「明日、行けたらいいね、といま思っているんだ」という意味のようであった。

ということで、予定通りにことが運ばず、振り回されるのは、日常茶飯事。「あなた、昨日、行くって言ったじゃないの！」などと怒っても、「そんなことで怒るなんて、こっちがびっくり」となってしまう。

イライラとした気持ちになっているのは私の性格上の問題なのかと思い、街でばったり出逢った日本人留学生に聞いてみると、「待ちぼうけを食わされたことは、数えきれませんよー。ギリシャ人には振り回されてばかりです」と言うし、出張で来ていた日本人ビジネスマンに聞いても、「ギリシャ人といっしょに仕事をすると、なかなか前に進まない。ロクなことにはならない」などと、あきらめ顔で愚痴を言っていた。私だけの感覚ではなかったはず。

アレックスもその友人たちも、それほど真面目に働いているようには見えなかったが、親や親族が裕福だったり、勤めている会社が〝一時的〟に儲かっていたりで、その恩恵があり、やたらと羽振りがよかった。

お金が入ってくると、すぐに旅行に行ったり、車や服を買ったりして消費する(人にもよる)。週末はとことん遊ぶ(平日も遊んでいるが)。海辺のクラブやバーに行って、帰りは明け方。多くの人がそうなので、朝の4～5時ごろ、海辺から街への道路が激しく渋滞するのであった。

彼らは、幼なじみや親戚など付き合いの長い人をとても大事にしていて、よく自宅や馴染みの店に集まる。そこでの話題は、なぜか自慢話が多く、男性は、「先日、ハリウッドスターのだれそれと食事をしたんだ」という話、女性は「遠距離恋愛の彼と、プライベートジェットで南アフリカまで行ってきたわ」などなど。恐ろしく派手な嘘も混じっているが、それは自分を大きく見せたり、守ったりするためだけでなく、「みんなをびっくりさせてあげよう」というサービス精神も多分にあったように思う。

ギリシャは永続的なもので生きているのに、現代を生きる人びとは、どこかふわふわと刹那的でもあった。

人はだれでも、必要がなければ、無駄な努力はしない方向に進むのだろうか。「一生懸命に働くこと」も「約束を守ること」も「お金を貯めること」も、「それだけの必要性はなかった」ということだ、きっと。

欲望のまま、気分のままに生きている部分が多くを占めているため、ストレスはそれほどなく、みんな弾けるように明るい顔をしている。仕事で疲れたサラリーマンなんて、ほとんどいない。

もしかしたら、私の感覚がまちがっているのか？　人生の優先順位がまちがっているのか？　と、滞在し始めたころ、私は首をかしげながら生きていた。

旅というものは、〝自分の価値観〟という名の思い込みを、ときどき、ぶち壊してくれる。いままで生きてきた世界で、意識もしていなかった「あたりまえ」が、別な場所では、「あたりまえでない」ことを教えてくれる。自分の見ているものが、人からはまったく別に見えていることを気づかせてくれる。

人の価値観はそれぞれでいいが、相手の世界を「それもあり」と認めることで、心がやわらかくなる。相手のいい部分も、そうでない部分も、まるごと受け止めると、とても楽になる。「よくない」と自分では思っていたことが、別な視点から見ると「いいこと」でもあるのだ。

相手の考える〝約束〟の性質がどういうものかがわかったら、私は相手に期待しない。「行きましょう」と言われても、「そうできたらいいですね」で済ますようになる。自分がどうしても行きたいなら、その日の直前に電話して「いますぐ行きましょう！　1時間後に」と言えばそれでいいのだ。

相手に期待せずに、自分に期待すれば、ものごとは急に進み始める。ギリシャで暮らして、日本で生きるのも、とても楽になった。

4

レジーナと女の仕事

道楽的な生き方をしている人が多いなか、例外もたしかにいた。そのなかの一人が、私がこころから尊敬していたアレックスの母、レジーナだ。私は、彼女から大切なことを教えてもらうために、ギリシャに滞在していたのではないかと思うほどなのだ。

彼女は、ギリシャ伝統演劇の舞台監督で、シングルマザーとして息子と母親を養ってきた。

紀元前を源流とするギリシャ演劇は、もともとは喜劇と悲劇があったが、悲劇のほうが人気があり、大きな流れになったという。嫉妬や憎しみで、人を殺《あや》めて血が流れる凄惨なストーリーが多く、舞台はおどろおどろしい残酷な世界が表現される。

一見、ノーテンキにも見えるギリシャ人が、悲劇を好んだのは、意外なことでもあったが、なるほど、激しく明るいから、激しく怒ったり、落ち込んだりするということもある。

実際、アレックスやその友だちがそうだった。カップルが喧嘩になると、大声でののしり合ったり、乱闘寸前になったりすることもあったし、仕事でトラブルを起こしただれかが数日間、引きこもっていたこともあった。

喜怒哀楽の「喜・楽」のプラスの感情と、「怒・哀」のマイナスの感情というのはセットになっていて、どちらかだけということはないのだ。もちろん、だれだって幸せな世界だけで生きていきたいと思うものだが、生きていればかならず、悲しみや怒りに遭遇することがある。辛いこともある。マイナスの感情があるからこそ、プラスの感情の振れ幅が出てくるというものだ。

ギリシャ人にとって、激しい悲劇を観ることは、ひとつの共感であり、なぐさめであったのかもしれない。

それはさておき、レジーナは、もともとはお嬢様育ちで、船会社の跡取り息子と結婚したが、子どもが2歳のときに離婚。理由は夫の度重なる浮気と薬物中毒だった。詳しい経緯はわからないが、離婚して父親が亡くなり、家以外ほとんど財産はなくなったという。

彼女は、それから舞台演劇に全力を注ぎ、ギリシャのテレビ局が主催する大きな芸術賞をもらうまでになった。

レジーナはよく私にこう言っていた。

「男であろうと、女であろうと、世の中に対して自分のやるべき仕事があるの。それに、どんなことが起こっても、私たちは生きていかなきゃいけない。だから、けっして仕事をあきらめちゃいけないわ」

最初は、その言葉に「居候している私が気に入らないから嫌味を言っているのか？」と疑っていたが、レジーナはそんなちっちゃな人ではなく、もっと大きな人間愛、同じ女性としてのアドバイスからそう言っていることがわかってきた。

そのころ、私にはほとんど仕事がなかった。ジャーナリストになるための視点を養おうと、世界をあちこち旅するうちに、貯金も底をつきかけていた。

ときどき、日本の会社から依頼されて、ギリシャでできるライターやカメラマンの仕事をやっていたが、それはお小遣い程度にしかならなかった。アテネの日本語学校や、日本人がよく泊まるホテルで雇ってもらえないかと就職活動もしたが、ギリシャ語ができないことから、まったくうまくいかなかった。

アレックスが「仕事がなくても、ボクがいるから、まったく心配しなくてもいい」と言ってくれるので、本気でずっとギリシャにいようかなとも考えた。いまにして思えば、彼のいい加減なリップサービスだったのだろうが。

たしかに生活に困ることはなかった。アレックスは服だのバッグだのを買ってくれるし、レジーナもよく大型スーパーマーケットに私を連れて行って、「欲しいものは、なんでもカートに入れてね」と言ってくれるので、お言葉に甘えて、私は日本料理の食材を買い込んで好き勝手に料理した。

そんなあるとき、私にひとつの大きめの仕事が舞い込んだ。

かつての勤務先からのもので、「ギリシャの女の子に、日本のとあるミッション系女子高校の制服を着せて、アテネらしい風景のなかで撮影してほしい。それを来年の入学案内パンフレットの表紙にしたい」という風変わりな依頼だった。高校の国際的な教育をアピールする狙いがあるという。

そんな仕事が私にできるんだろうか。モデルも見つけなきゃいけないし、観光地で撮影するのには、なにかと許可がいるかもしれないし……と、だんだん不安になってきた。

しかし、レジーナに話すと、たいそう喜んでこう言った。

「やりましょう！　これは、あなたにとって大きなチャンスよ。これが成功したら、あなたの可能性はもっと広がるわ。私が協力するから、いっしょにがんばりましょうよ」

レジーナは、有能なプロデューサーだった。「まずは、モデルのオーディションをしましょう」と、どこからか、本物のモデルの写真を集めてきた。

しかし、地方の高校のパンフレットには、あまりにもうつくしすぎる。制服が浮いてしまう……と言うと、「じゃあ、彼女なんてどうかしら」と近所の女子大生を連れてきた。お父さんもお母さんも陸上のオリンピック選手で、彼女も本格的にテニスをやっているという健康的で爽やかな女の子だ。彼女ならイメージにぴったりだ。

カメラテストをしたのち、数日後、世界遺産アクロポリスの丘で撮影を決行。ヘアメイクもポーズの指導も、レフ板をもつなどの撮影助手も、すべてレジーナがやってくれた。

夏の猛暑のなかの撮影で、モデルが汗ばむと、レジーナはすぐに顔の汗を拭きに走り、人がものめずらしそうに寄ってくると「単なるコスプレです」と笑顔でごまかし（撮影許可を取ろうとすると面倒らしいので）……それは見事な仕事ぶりだった。

レジーナのおかげで、これまでになくいい写真を撮ることができた。夕陽に染まったオレンジ色の街並みを背景に、日本の女子高の制服を着て微笑むアテネっ子の写真は、クライアントにもすこぶる好評だった。

ああ、よかった。安堵《あんど》すると同時に、私のなかでは、なにかが変わり始めていた。「なにかをしてもらう」幸せより、自分が「なにかができる」幸せをうれしいと思うようになっていた。「自分にできることがある」ということが、こんなに自分を支えてくれるなんて思わなかった。

レジーナは私の成功をおおよろこびして、「あなたには才能がある」と言い続けてくれた。

レジーナの言葉は特別に重みがあり、その後の私を支えてくれることとなった。

5 満たされているようで満たされないアテネ生活

アレックスやその友人たちは、どこかふわふわと生きていたが、私もその一人だった。いや、私こそがいちばん、地に足がついていない状態だった。

仕事がなくても、お金がなくても困らなかったために、最初の半年は、まわりに合わせるように、「ま、いっかぁ」と生きていたが、地縁も血縁もない場所ならなおさら、仕事や人との関係を構築していく必要があったのだ。

経済のすべてをだれかに依存するという海外生活は、リスクの大きい試みだったといまさらながら思う。「経済を握る者が権力を握る」というルールは、すべてではないが、歴史が証明していることだ。

権力のある人の気分次第、考え方次第で自分の状況は変わるので、力のない人はなにかを得るために、顔色を窺ったり、媚びたり、感情で揺さぶろうとしたり、または、すっかりあきらめたりするようになる。大きな社会から会社組織、ちいさな家族まで、どこでも権力へのフラストレーションはあるものだ。

しかしながら、当時の私は、新しい恋にふわふわと浮かれていた。サービス精神と愛情をごっちゃにしてしまっていた。

サービス精神と愛情は似ているようで、まったくちがうものだ。不親切で気が利かない男には、「〜してくれない」と不満になるものだが、愛情がないかというとそうでもない。とても温かいものが心の奥に潜んでいることがある。

若かりしころは、相手の言葉やプレゼントなどで愛情を測っていたものだ。思えば、子どものころから私の恋愛対象であった九州の男たちは、女性へのサービス精神は、相対的に欠けていたと思う。甘い言葉なんて、なかなかかけてくれない（人にもよる）。自分から旅行にも連れて行ってくれない（これも、人による）。それでも、根っこのところで相手のことをちゃんと考えてくれていたり、責任感があったりする。

逆に、たいへん親切でやさしい男が、いい加減で二股をかけていたり（だからこそ親切なのかも）、結婚がちらついてくると逃げ腰だったりすることもある。

幼稚な恋愛は卒業したはずなのに、私は異国での条件のちがう応用問題で、うっかりつまずいてしまったのだった。

私はいろいろなものを買い与えてもらい、エステやネイルサロンに頻繁に通い、パーティ三昧の暮らしをして、なんと幸せなことだろうと思い込んでいたが、じつはそれほど満たされていなかった。

そんなところに自分の幸せがないことを、ちゃんと知っておくべきだったのだ。「なにが自分をよろこばせてくれるのか」をわかっていれば、私たちが幸せになるのは、そんなに難しいことではないんだと思う。わかっていないから、「どんな男がいいのか？」「どんな結婚がいいのか？」「どんな仕事がいいのか？」「どんな人生がいいのか？」に迷い、結局、人がいいと言う条件、人から見て「いいね」と思われる条件を満たそうとしてしまう。


ある雪の夜のこと。レストランでのパーティに行って、私はストッキングが伝線していることに気づいた。気になって仕方ないから、近くで売っている店を探そうと会場を抜け出し、ふと財布を見たら、お金がほとんど入っていなかった。

もちろん、アレックスに言えば、すぐに財布を渡して「100足でも買っておいで！」とジョークを言ってくれるだろう。

でも、そのとき、私は「お金がないんだけど」というひとことがどうしても言えなかった。そうして、雪の街角でうずくまって、子どものように声を出して泣いた。人は大きなお金が使えないことよりも、ちいさなお金が自由にならないことのほうが辛いものだ。

そして、数週間後、私はとてもくだらないことでアレックスと喧嘩して家を飛び出し、アテネの中心にあるシンタグマ広場に昼から夜遅くなるまで座っていた。ときどきお腹《なか》が空《す》いて、クルーリという安いゴマパンを食べた。

夜遅くになって、心配そうに話しかけてきたタクシーのおじさんに、カード決済のできる安宿を紹介してもらったものの、そこはひどく薄暗い、治安の悪い場所で、急激に恐怖が襲ってきた。

「どうしたらいいのか？」

どれだけ考えても、私には、ひとつの不本意な解決方法しか見つからなかった。

アレックスに謝って迎えに来てもらうことだ。

なんて立場が弱いんだろう。アレックスはいまは大切にしてくれるが、嫌われてしまったら、生きていけないんだと、身に染みて感じた。私は彼に依存している限り、自分が行きたくない方向でも、行かなきゃいけないんだろう。私が行きたい方向は、彼が嫌だと言えば、行くことはできないんだろう。

それほど、私には〝実体〟がなかった。彼に対して与えているものもなかった。

「愛情……」「忠誠心……」そんな言葉が浮かんで、「いや、ちがう」とすぐにうち消した。確かなものなんて、なにひとつなかった。

私はほんとうにふわふわと生きていた。

6 帰国、そして再びギリシャへ

ビザの問題、アレックスの検査入院などが重なって、ギリシャを離れたのは、最初に訪ねてから1年数か月後のことだ。それまで、ギリシャと日本、そして彼の会社のあるジュネーブを行ったり来たりしていたので、しばらく日本で働いて経済を立て直したのち、またいつものように行くんだろうと思っていた。

「また、来るからね」

結局、それが彼と直接交わした最後の言葉になった。

私は降り立った成田空港から派遣会社に電話し、「なんでもいいから働かせてほしい」と頼み、その翌日から運送会社で働いた。夕方6時から朝の6時まで、荷物を地域ごとに仕分けしていく肉体労働だったが、私は働けることがうれしくてたまらなかった。日本語が通じるだけで、なんでもできると思えた。

なんにもしていない時期というのは、無駄にはならないものだ。それはエネルギーを十分に蓄える時期だったのかもしれない。

「いつか物書きとして食べていくのも、無理なことではないはずだ」。そんな根拠のない自信が心の片隅に宿っていて、私はフリーライターとしての仕事を探しながら、テレフォンオペレーターや居酒屋など、いくつもの単発アルバイトを掛け持ちし、数年間はひたすら働いた。

「あなたには才能がある。仕事をあきらめちゃいけないわ」

レジーナが言ってくれているような気がした。

「現実の私」と「なりたい私」との間には、とても大きなギャップがあったけれど、それを埋めるためには、どうしたらいいんだろう。私にはなにができるだろう。レジーナだったらどうするだろうと、毎日のように考え続けた。

ときに、現実に向き合うのがしんどい日もあった。徹夜で書いた本の企画書を、やっと会えた出版社の編集者に鼻で笑うように突き返されたときは、自分の力不足と、そんな態度をとられる自分の立場を思い知らされて、帰る途中、涙が止まらなかった。

でも、あきらめることはなかった。一進一退しながらでも少しずつ行きたい場所に近づいているという確信があって、私は希望に支えられていた。その希望は実体のないものだったけれど「自分はなにももっていない」「自分には足りないものがある」と現実を認めること、そして自分の足で立つことを覚悟すれば、どんな場所にも行けると思ったのだ。

知らないことを知っている人が本当の賢者だと「無知の知」を語って自決に追い込まれたソクラテスの真意はわからないが、自分の現実の姿をそのまま認めようとすることは、あきらめることではなく、成長しようとすることなんだと私は理解した。

私はなにも確かなものをもっていない。だから、自分でつくっていく〝必要〟があった。仕事のスキルも、人との関係も、認めてもらえる実績も経験も……。

そして6年後——。

私は本を書くようになっていて、ヨーロッパ旅行の途中、アテネのホテルに滞在していた。アレックスと別れて半年後に知り合った当時の日本人の恋人といっしょだった。

彼は先に紹介した恋人の条件をほとんど満たしてはいなかったけれど、私はそんな条件なんて、どうでもよくなっていた。自分をほんとうによろこばせてくれるものは、そんな条件なんかじゃないとよくわかったからだ。

それはともかく。ギリシャに再びやってきた理由は、エメラルドブルーのエーゲ海をもう一度見たかったこと、グリークサラダを食べたかったこと。そして、ノーテンキなほど明るい人びとのなかに身を置きたかったからだった。

ギリシャは経済危機が起こったあとだった。アテネの華やかだった通りは、ほとんどシャッターが閉められていて、アフリカや中東からやってきたホームレスの移民ばかりがウロウロしていた。

世界中が注目したデモが行われた場所、シンタグマ広場は、焼き討ちにあったキヨスクが無残な姿のまま晒《さら》されていた。

政府の財政がとんでもないことになっているのは、実体はないのに、お金をどんどん使ってしまったということらしい。公務員は大幅にリストラ、減給され、大学も閉鎖されていた。危険な状態は脱していたが、観光客もめっきり減って、かつてのキラキラしたアテネはなく、街全体がどんよりとしていた。

パーティ三昧だったアレックスとその友だちは、どうしているんだろうとふと考えた（会うことはできないけれど）。

おそらく経済危機の影響を受けてはいるんだろうが、それなりのパーティをして、ワイワイ冗談を言い合っているようにも思えた。レジーナは相変わらず、舞台監督の重鎮として、なんやかやと仕事を頼まれ、駆け回っているのだろう。

街は暗く感じられても、アテネの人びとと接すると、本質的なものはなにも変わらず、みんなマイペースに生きていた。

隙あらばナンパしようとする初老の男たち、おしゃれに余念のない女たち、甘い言葉をささやき合っている若い男女たち……。ホテルのおじちゃんも「最悪だよ」なんて言いながらも、顔は笑っている。

状況は変わっても、確かなものだけはきっと残っていくんだろう。アテネの人びとに接しながら、ほっとした気分になった。

私は、ずっと憧れていた『遠い太鼓』のように、「旅をしながら執筆する」という暮らしを手に入れ、その年、アテネのホテルで校正作業をした本は、不思議な力をもってベストセラーと呼ばれるようになった（もちろん、村上春樹氏とは比較できないレベルだが）。

ギリシャの旅は、現実を生きる力を与えてくれた。

ギリシャ芸術の「ものごとをあるがままに見る」という姿勢のように、すべてを〝受け入れること〟ができれば、私たちは、大きな恵みを与えてもらえる。自分でもおどろくほどの力を発揮できる。自然というものがいつもそうであるように調和とバランスをもって。

「自分を認める」「相手（まわり）を認める」

そして、相手に期待するより、自分に期待して、自分にできることを求め続ける。

それが、地に足をつけて生きていくということなんだろうと私は思っている。

第3章

『自分の世界に誇りをもてば、輝くことができる』

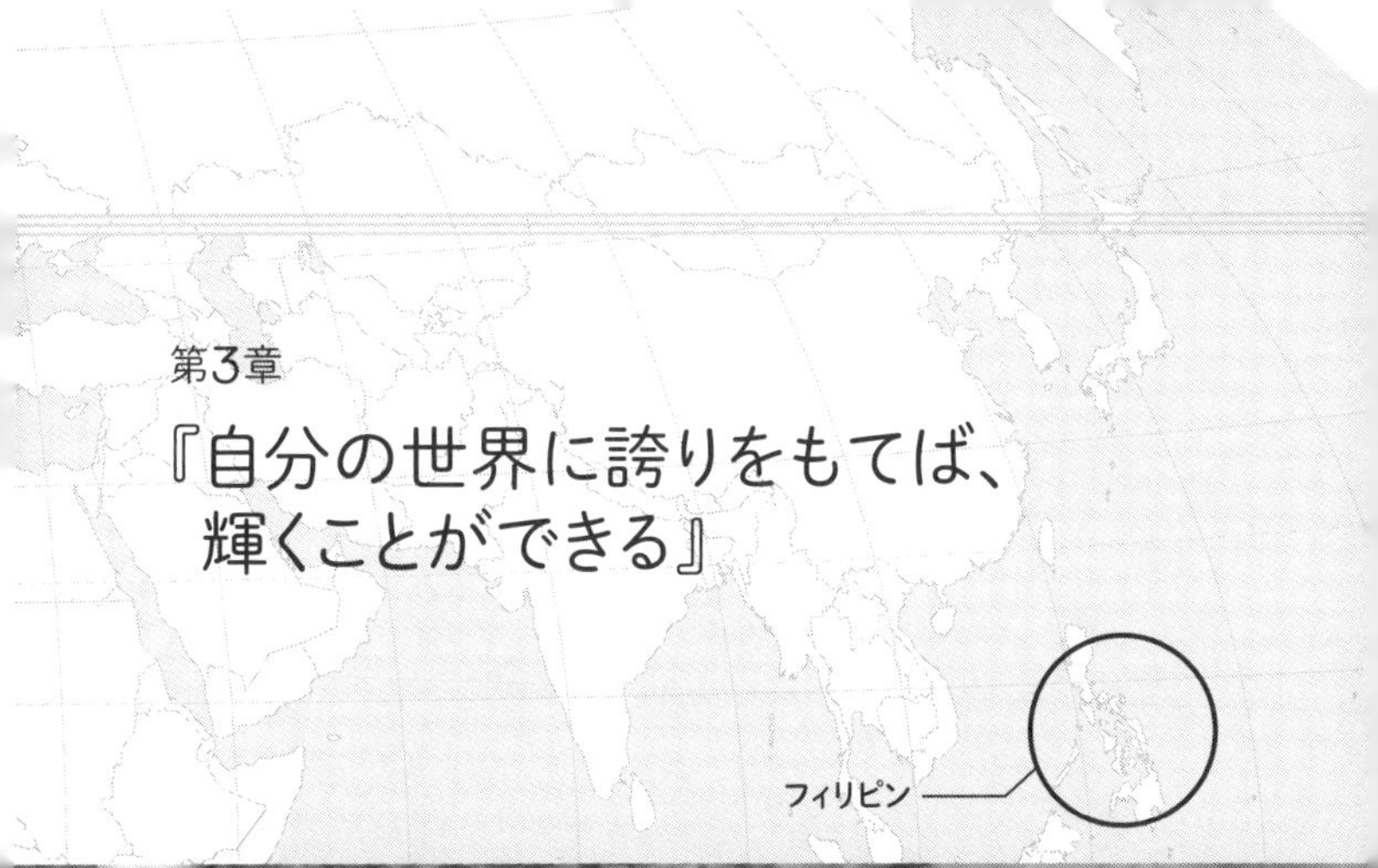

1

ある親子との出逢いから「アイタ族」の村へ

旅をしているとき、物理的には、これまでいた場所から外側へ外側へと遠ざかっていくのに、意識は自分の内側へ内側へと入っていくような感覚に陥ることがある。

フィリピンの少数民族「アイタ族」を訪ねる旅は、そんなことを強く感じる旅であり、本来の〝自分〟へと戻ろうとする旅だった。

私がもともともっていたものは、なんだったのか。人のもっているものに関心をもち、キョロキョロしているうちに、ものすごく大切なものを失くしてしまったのではないか。自分が自分であるためには、どうあればいいのか……と、旅の間、あれこれと考えた。そして、なにかが剝がれ落ち、なにかを取り戻したように思うのだ。

「アイタ族」という、なんだかおちゃめな名前を初めて聞いたのは、横浜のベイブリッジが見えるホテルのバーだった。

3か月の長い旅から帰国したその日、体はヘトヘトに疲れていたのに、私は久しぶりの日本に興奮していた。夜が更けてから、ホテル内のバーに出かけ、夜景の見えるカウンター席で、日ごろはめったに飲まないカクテルを注文した。

長い旅があたりまえのような感覚になっていて、これからまた新しい旅が始まるような、妙にワクワクした気分だった。

そんな私のとなりに偶然座っていたのが、ミスター・リーと、ヒトミだった。フィリピンに1年ほど住んでいるという親子で、1週間の予定で一時帰国したところだという。

ミスター・リーは50代後半だろうか。中華系アメリカ人で元米軍軍人（といっても、なぜか日本語はネイティブ）。複雑な事情でヒトミは九州で生まれ育ち、30

過ぎまで横浜で働いていたのだとか。がっちりして大柄なミスター・リーには、たしかに軍人っぽい威厳が漂うのに対して、ヒトミはどこまでも肩の力の抜けた人で、飄々《ひょうひょう》として、絶え間なく煙草を吸っていた。

まったくちがう世界で生きてきた二人が、数年前に偶然再会し、いっしょに暮らすようになったという。そのころ、ミスター・リーが重い病気にかかっていることがわかり、親子としての時間を少しでも長く過ごしたいという気持ちもあった……と、それだけでもドラマになりそうな話だが、ミスター・リーはさらに、興味深い話を始めた。

「アイタ族という少数民族を知ってるかい？」

淡々としながらも、真剣な口調だった。

「フィリピンの山岳部に住む少数民族だ。私はベトナム戦争のとき、スービック米軍基地の特殊部隊にいて、アイタ族から、サバイバル術を学んでいた。彼らは、ジャングルのなか、ナイフ一本だけで生き抜く知恵をもっていて、ニューヨーク育ちの私には衝撃だったよ。これほど自然を知りつくした究極の知恵が存在しているのかと……」

そして、30年後に再び、アイタ族を訪ねたとき、彼らが困窮していることを知り、そのサポートをするために、フィリピンに移り住んでNPOを立ち上げたのだという。

私が写真家であることを知ると、ミスター・リーは目を輝かせて、こんな提案をしてきた。

「アイタ族の写真を撮ってくれないか？　じつは、今度、横浜でアイタの人たちがつくった伝統工芸品の展示販売会をやるんだ。そのときに、あなたの写真もいっしょに展示したら、アイタへの理解も得られるし、寄付も集まるかもしれない」

ヒトミも、煙草をふかしながら、「あら、いいんじゃない？」とクールに笑った。

とんでもなくエキサイティングな展開だった。

究極の知恵をもつというアイタ族に会ってみたい。そして、私の写真が彼らの役に立つのなら、こんなにうれしいことはないではないか……。

ミスター・リーとヒトミの住む町、オロンガポを訪ねたのは、その2か月後のことだった。

2 ピナツボ火山の噴火とアイタ族の悲劇

アイタ族が困窮し、生活のサポートを必要としているのには、深いワケがあった。

もともとアイタ族は、約3万年ほど前にフィリピンにやってきた最初の民族とされる。身長は大人の男性でも150センチほどで低く、茶褐色の肌、黒く縮れた髪、クリクリとした丸い目が特徴だ。独自の言語と文化をもっていて、弓矢による狩猟や採集などで自給自足の生活を営み、その多くは山のなかで外部との接触を断って暮らしていた。

ところが、1991年に起こった20世紀最大とされるピナツボ火山の噴火で、その生活は一変する。噴火による犠牲者はほとんどなかったものの、アイタ族は避難民として平地での生活を強いられているうちに、1000人あまりが伝染病や衰弱で亡くなっていった。

自然から得られるものだけを食し、病気やケガのときは薬草に頼ってきたアイタ族にとって、世界からの支援物資である乾パンや缶詰などの保存食には抵抗があり、医師や薬も信用できないものであった。体力がなくなっているところに、インフルエンザや麻疹などが流行り、悲劇は起きたのだ。

災害が起こった直後、アイタ族の悲劇は全世界に伝えられ、多くの義捐金が集まったが、それも、数年も経つと途絶えてしまった。

フィリピン政府は、残ったアイタに定住地を与えて平地への順応を促した。しかし言語や生活スタイルがちがい、学校教育を受けることなく育ってきたアイタは差別の対象にもなり、その一部は山に戻って、いくつかの村をつくり、暮らしの再建を目指しているという。

一度、平地の世界を知ってしまったアイタの生活は容易ではなかった。とくに、子どもには教育を受けさせたい。普通のフィリピン人が着る服を着せたい。「文化的な生活」をさせたい。そのためには、お金が必要、というわけだ。

私は、アイタの村に行く前に、日本で学用品や、古着の子ども服の寄付を募り、ミスター・リーを通して送っていた。

すると、私がミスター・リー宅に着いてすぐ、アイタ族との窓口であるという男性、ロナルドがやってきた。

「たくさんの支援物資をありがとう！　ほんとうに感謝するよ。ただ、子どもへの支援だけでなく、大人のアイタにも米を食べさせてほしいんだ。いくらかのお米と義捐金をもっていったほうが歓迎されるし、写真も撮りやすくなるはずだから」

ロナルドは、アイタ族と平地のフィリピン人との間に生まれ、妻もフィリピン人。アイタの村には住んでいないが、アイタ族の言語と、フィリピンの公用語であるタガログ語と英語を話せるために、私たちの窓口になってくれているという。怖そうに見えるミスター・リーに、いつもオドオドしていて、今回の提案も、たいへん言いにくそうに見えた。

「援助するなら、お米やお金でなく、彼らが自立するために、ほかに必要なものがあるのでは？」

ちらりと考えたが、きっとほんとうに食べるのに困っているのだろう。ここは、ロナルドに従っておいたほうがいいのだろうと、私とミスター・リー、ヒトミは3人で話し合い、村全体の人たちがしばらく食べるのに十分なお金を渡した。

アイタ族の村を訪ねるために、ほかにも必要なことがあった。

それは、ボディガードを雇うことだ。まずは、ミスター・リーの知り合いで、つねにピストルを携帯している現役警察官を一人、雇うことにした。

すると、今度は、ロナルドの妻、ダイアナがやってきて、心配そうに訴えた。

「ボディガードが一人なんて、とんでもない。絶対、危険よ。前に支援物資を届けるために別の村に入っていった欧米人がいたんだけど、ほかの村人たちが『自分たちだけいい思いをするな』って妬んで、村を焼き討ちにしたのよ。ボディガードや見張りは多いほどいいわ。そうだ、今度、いちばん上の娘が結婚するんだけど、その婿が若くて元気がいいから、いっしょに行かせましょう。ほかにも、強そうな男を用意しておくから心配しないで！」

ロナルドは気が弱そうで頼りないところがあるが、ダイアナはしっかり者だ。アイタの血は混ざっていなくても、子どももやもうすぐ生まれる孫はアイタの血を受け継いでいるため、アイタ族の行く末をいつも案じているという。

私たちは、ダイアナがサポートしてくれることに、心から感謝した。

一度、今回訪れる村に行ったことがあるというヒトミは、まるで旅の添乗員のように、私にアイタの村での注意事項を伝えた。

「水も電気も水道もないからね。あ、もちろん、トイレもお風呂もありません。川とか、草むらとか、大自然を使ってご自由に。夜は冷えそうだけど、毛布も枕もないから、洋服を使ってなんとかしてね」

覚悟はしていたが、ほんとうになにもないところらしく、「自分で工夫してなんとかする」「自然のものでなんとかする」というアイタ式ルールを守らなければならないのであった。

しかし、アイタの村に数日、滞在することが、こんなにたいへんなこととは思わなかった。支援の食料や義捐金だけでなく、ボディガードまで必要とは……。

それでも私は、「アイタに会える」という期待で、押し出されるように、前へ前へと進んでいた。

3 米軍基地跡とオロンガポの街で……

アイタの村に行くまで数日あったので、私はヒトミといっしょに街を散策することにした。

オロンガポは、マニラから北西にバスで3時間ちょっと。雑然としたマニラに比べると、街は緑が多く、整然としている。海辺はうつくしいリゾートになっているが、外国人観光客はほとんどいないようだ。

まずは、スービック米軍基地があったところまで行ってみようとジープニーに乗る。ジープニーとは、米軍が使っていたジープを改造して、色とりどりにペイントした小型の乗り合いバスだ。路線によって、青や黄色、赤などに、車体が色分けされている。バス停はないので、不定期に通るジープニーに手をあげれば乗せてくれ、「降ろして!」と叫ぶと、どこでも降りられるシステムになっている。

めいっぱい人が詰まってから出発するので、大抵、最初から満席状態で、運賃は乗ってすぐに、手渡しリレーで前方にいる運賃係まで届けられ、お釣りがあるときは、逆ルートの手渡しリレーできちんと返ってくる。その手渡しリレーが、「ハイッ」「ハイッ」「ハイッ」……とリズム感があって、まるで、なにかのゲームをしているようだ。

「ほかのところはいい加減だし、詐欺も泥棒も多いのに、お釣りだけは、だれもくすねることなく返ってくるから不思議よね」

ヒトミは、フィリピン人に幾度となく騙《だま》され、振り回されながらも、楽しそうに生きている。

スービックは、かつてアジア最大のアメリカ海軍基地があった場所で、ベトナム戦争時（1960年ごろ〜1975年）、多くのアメリカ兵がここから出撃していった。その一人が、ミスター・リーというわけだ。

アメリカ政府は、その後も継続して基地を置くことを望んでいたが、1991年、ピナツボ火山噴火の被害がきっかけになりフィリピン国会が「出て行ってもらいましょう」と決定（2015年に一部再配備を発表）。いまは経済特区となり、海外の企業が工場を造ったり、軍事施設がそのまま公共施設やショッピングセンターとして利用されたりしている。

米軍が撤退したとはいえ、その残像はたくさん残っていた。経済特区のゲートから中央を走るメインストリートは、アメリカっぽいおしゃれな建物が多く、ときどき、びっくりするほどうつくしいハーフの女性が歩いている。退役軍人と思われる老いたアメリカ人が、若いフィリピン女性たちといっしょに昼間からお酒を飲んでいる姿も、何度か目にした。

「あの人たち、アメリカから年金をもらいながら、悠々自適の生活をしているのよ。そりゃ、アメリカにいるより、フィリピンのほうがずっといい生活ができるんでしょうけど……」

ヒトミは、父親のミスター・リーが軍の上層部までいったこともあり、どこか冷ややかな目だ。

「タトゥーをしているような軍人は、大抵、下の位ね。アメリカではモテないから、フィリピンに来てるんじゃないの？　ま、集まってくるのは、金目当ての女だけどね」

なるほど、そんな男は、アメリカ人だけでなく、日本人のこともあるらしい。

フィリピンに住みついた日本のオジサンたちの生態も興味深い。

それはさておき。経済特区内に、アイタの暮らしを体験できる観光施設があり、知り合いになったロナルドやアイタの血を継ぐ人たちが働いているというので行ってみる。アイタの人たちがガイドになり、原生林のジャングルを散策しながら、自然との共生について実践的に学ぶ……というものだ。

この日は、まったく観光客がいなくて、完全独占状態。火おこしから、手製の弓矢、吹き矢の使い方のレクチャーだけでなく、伝統の歌や踊りまで披露してくれた。

アイタの人たちは、まさに〝野生児〟。少しばかりシャイだが、打ち解けると、「ほら、見て！」と楽しそうにいろんなことを教えてくれる。子どもがそのまま、大人になったような純粋さがあり、接していると、こちらまで無邪気な気持ちになってくる。

「アイタは嘘をつかない」「信用できる」というのは、フィリピン人の間でも定説となっているらしいが、限られた環境のなかで、倫理観も受け継がれていったのだろうか。

ヒトミが生イカを手土産に持っていったら、バーベキューにして食べさせてくれた。竹筒で炊いたご飯、きのこをバナナの葉で包んで焼いたものも最高に美味しかった。味付けは塩だけなのに、さまざまな自然の味が感じられるのは、舌が健全になろうとしているのかもしれない。自然の尊い恵みをそのままいただいているようで、とても贅沢な気持ちになってきた。

帰りに、オロンガポの中央にある市場に寄った。手前は衣料品やキッチン雑貨、生活用品を売る店が並ぶ。ヒトミは、買い物が大好きで、しかも日本人にとっては破格の値段なので、香水やパウダーなど、あれこれと掘り出しものに夢中になっている。

「Tシャツなんて、１００円ぐらいで買えるからうれしくて……。でも、値札はなくて、すべて交渉で値段が決まるでしょ。大抵、高くふっかけられるから、少しでも安く買うために毎回、熱くなって交渉するわけ。一度でも、もういいやって、お金で解決しようとすると、ずっとボラれるようになる。10円20円のことなのに、ばかみたいよね」

奥には、肉や魚、野菜などの生鮮品の店があった。ツーンと鼻をつくにおいがする。蒸し暑いなか、大きなぶつ切りで置かれている肉は、虫がたかっているが大丈夫なのかと心配になる。

市場の片隅では、アイタの女性たちが数人固まって、山の野菜や植物を売っていた。みんな背が低く痩せていて、縮れた黒髪をしているので、一目でアイタとわかる。

アイタの人びとは、ピナツボ火山の噴火前までは、すべて自然のものから賄う自給自足の暮らしをしていた。鉄や布など必要なものがあるときは、物々交換をしていたが、いつしかお金はなくてはならないものになり、こうして経済活動のなかに組み込まれることとなった。といっても、平地のフィリピン人であっても仕事を探すのは難しく、海外の出稼ぎで身を立てるような状況である。なかには、街中で物乞いになったアイタもいたという。

アイタの女性たちは、だれもが泣きそうな表情に見えたが、両手で山の植物を抱え、背中に子どもをおぶっている女性は、目が合うと、クリクリした瞳でにっこりと笑った。

4 アイタ族の村に到着したが、なんだかヘン!?

村に行く当日は、早朝から陽射しが強く、立っているだけで倒れそうになるほどの暑さだった。

メンバーは、ボディガードを入れて7〜8人だろうと思っていたが、ロナルドの家に集合したのは総勢20人以上。地域で役人をしているというオジサンや、アイタに親戚がいるという若者、ボクシングをしているのでボディガードとして雇われた青年などもいた。

私は、だんだん不安になってきた。

この人たちは、仕事をしていないのだろうか？　2時間も歩く山道だと聞くが、それにわざわざ付き合ってくれるんだろうか？　あとでお金を請求されるのでは？　この人たちはどこに泊まるつもりなんだろう？……と、頭はクエスチョンマークで埋め尽くされていたが、私の戸惑いにダイアナがいち早く反応して、明るく言い放った。

「心配しないで！　人数は多いほどいいの。お米ももたなきゃいけないし、多いほうがアイタの人たちもよろこんでくれるでしょう。私は子どもたちの世話で行けないけれど、あなたたちのことは、全員で守るわ！」

ダイアナの押しの強さは説得力も備えていて、だれもがそれ以上、なにも言えない状態になるのであった。フィリピンの女性は強し。

そして、まるで参勤交代のようにずらずらと、大人数の一行は、道なき道を草をかき分けながら進み、橋のない川を水に浸かりながら渡り、2時間後、小高い山の中腹にあるアイタの村が見えてきた。

「やったーッ、アイタの村だ！」と叫んだちょうどそのとき、ものすごい勢いで私たちのもとに突進してきた男がいた。

白いふんどし姿で、弓矢をもち、満面の笑みで、なにやら叫びながら走ってくる。その光景はあまりにも印象的で、まるでスローモーションのようにも感じられた。ちいさい体からキラキラしたオーラが放たれ、他を圧倒するような存在感があった。

それが、純粋なアイタ族の血を引くプリモとの出逢いだった。

プリモは一行の姿が見えたので、迎えに来たと、人懐っこいくるくるした丸い目で私たちをまっすぐに見つめながら言った。といっても、彼とは言葉が通じないので、ロナルドに通訳してもらうか、身振り手振りで伝えるか、のコミュニケーションである。

しかし、「この人とは通じ合える」、プリモと目と目が合い、笑顔になったとき、私は直感的に思ったのだった。

村に入っていくと、そこでは歓迎の儀式が待っていた。

集落の中心には、ちいさな教会が建っていて、その広場に村中の人が一人残らず集まっていた。30人ほどの村と聞いていたが、その倍はいるのではないだろうか。聞くと、近隣にあるアイタの村からも、「日本人が取材に来る」と聞きつけて、やってきたらしい。

ふんどし姿の男十数人以外は、Tシャツに短パンのいたって普通の格好をしている。幼い少女たちは、ひらひらのフリルつきワンピースだったり、アニメのキャラクターが描かれたTシャツだったり。彼らは、日本や韓国から送られてきた古着を着ていたのだった。

そのなかで、いちばん派手な格好をした女性が、村のキャプテンだった。キャプテンとは、集落のリーダーのことで、選挙によって選ばれるという。

ほかの女性たちは、ほとんどお化粧をしていないのに、この30代の女性キャプテンだけは特別なのか、真っ赤な口紅をつけ、Tシャツの上に、大きくてカラフルなネックレスをしていた。

「あなたたちを歓迎します。ゆっくり楽しんでいってください」

客人であるミスター・リーとヒトミ、私の3人を真ん中に座らせて、キャプテンがギターを弾きだすと、男たちの踊りが始まった。

5 アイタの家を訪ねて見えてきたもの

アイタの踊りは、特別な決まりがあるわけではなく、一人一人が前に出て、とにかく印象的なパフォーマンスをすればいいようだった。

面白い動きをすると、子どもから大人まで、手を叩いて大笑い。贅肉などほとんどなく、鍛え上げられた男たちのクネクネとした踊りは、まるで、男性が女性に対して求婚をしているようでもあった。

アイタの踊り

「この踊りは、どんなときにするんですか？」

ギターの演奏を終えたキャプテンに聞くと、ちょっと困ったような顔をして、

「理由はないの。でも、私たちは、いつもやっていますよ」

その言い方は、それ以上、聞かないでくれと無言の圧力を加えているようだった。ところが、自分から説明するときは積極的でニコニコしている。

「白いふんどしは、男の子が生まれたときに、おば

あちゃんにつくってもらうの。それを男たちは一生大事に使う習わしなのよ」

ふんどしを近くで見せてもらうと、植物の細かい繊維でうつくしく織られている。

「すごくきれい！　女性はみんな、この織り方を知っているの？」

「ええ。ほかにもいろいろな織り方があるわ。アイタの女たちは、家族の服をすべて、植物から採れた繊維でつくってきたの」

キャプテンは、満足そうに微笑んだ。

ヒトミは、アイタの踊りを教えてもらって、ふざけながら踊っていたが、ミスター・リーは、つねに厳しい表情をしていた。今回の訪問は、アイタに支援をしていくために状況を把握すること、そして、私が写真展のための撮影をすることがおもな目的だったからだ。

「これから、村の家を一軒ずつ見せてもらいたい」

ミスター・リーが要求すると、ロナルドは、「え？」と一瞬、戸惑うような表情を見せ、「アイタの人たちは恥ずかしがり屋で、家を見られるのはちょっと……」

などと、ぶつぶつ言っていたが、押し切られるように、15軒ほどのすべての家を見せてくれることになった。

集落の家は、教会の広場を中心に、斜面にポツポツと建てられていた。各家族にひとつの家で、「自分の家は自分でつくる」がルール。高床式で、それぞれ親から教えてもらった独自の流儀があるらしい。籠のように木の皮を編んで壁をつくっていたり、竹をまっすぐに縦に並べたり。台風が来れば、すぐに吹き飛んでしまう頼りないつくりだが、壊れたら、またすぐに再建できるのだという。

一家7〜8人で暮らしている家もあれば、独身男性の一人暮らし、親が村を出て行って、5歳くらいの男の子が一人だけで暮らしている家もあった。食事などは近所の人に助けてもらいながら、世帯主として自活しているらしい。

一軒の家に入っていくと、小柄な女の子が赤ん坊をあやしていた。

「妹?」

「いいえ、私の娘です」

まだ、子どものようなあどけない顔をしているが、14歳だという。アイタは、ほとんどの女性が10代で子どもを産んで家族をつくり、50歳を過ぎると亡くなってしまうという。この村にいる年配に見える人たちも、年を聞くと、まだ30～40代であった。

女の子は、籠の器に、焼きバナナのお菓子を出してくれた。細かく丁寧に編まれた竹籠に感動し、「すごい……」と手に取ると、「こんなもの……」と恥ずかしそうに隠し、奥から、キャラクターの絵柄が描かれているプラスチックの皿を出してきた。

彼女は、自分でつくったものよりも、どこにでもあるような既製品のほうが価値があると思っているのだった。

ヒトミが、残念そうにため息をついた。

「悲劇よね。アイタ族は一度、街の生活を体験したことで、自分たちの生活は原始的で劣っているもの、街の生活は文明的で優れているもの、と勘違いしちゃったのよ。どれだけ自分たちがすばらしいものをもっているのか、わからなくなったんだわ」

衣食住の生活用品のすべてを、それぞれ自分の手で自然のなかから生み出してきたアイタも、時代の流れで、そうではなくなっている。家のなかには、買ったのか、もらったのか、時計や子どものおもちゃ、調味料などが雑然と置かれていた。

ほとんどの家をぐるりと回ったが、その間、通訳のロナルドがぴたりとくっついて離れず、私たちの目的を考慮してか、「ここを見てくれ」という部分ばかりを見せられているようだった。ロナルドとしては、「アイタは貧しいながらも、伝統的な暮らしを守っている特別な存在」というところを見せたかったのだ。

6 学校があるにはあるけれど……

ロナルドに促されて、つぎに向かったのは、学校だ。といっても、校舎のような建物は放置されていて、教会を使った教室が開かれていた。家巡りをしているときは、「あんまり見てほしくないんだけど」というように消極的だったロナルドが、ここだけは熱く訴えてきた。

「フィリピン政府が開いている小学校だ。子どもたちは勉強をしたがっているのに、お金がないから、中学校、高校には行けない。寄付を集めて、子どもたちを学校に行かせたい。そうでなきゃ、彼らは街で働こうと思っても、働けない人間になってしまう。ぜひ、彼らの力になってほしいんだ」

教室では、5〜6歳から15歳くらいまで20人ほどがいっしょになって学んでいた。村の人口が30人ほどなのに、子どもの数が異常に多い。

ミスター・リーは、硬い表情を崩さずに、子どもたちをじっと見つめていた。

「彼らは、ほとんど教育を受けていないようだ。一度、支援をするために抱き上げたら、その手を下ろしちゃいけない。どんなに、手が痛くなってもだ。彼らが自分で歩けるようになるまでは……」

それは、これまで一時的な支援をして、あとは放置してしまった政府や世界の人びとへの批判と、自分たちがこれからやっていくであろう活動への決意のようにも感じられた。

この日の授業は英語。アイタの村にはだれも英語を使える人がいない。

「A, A, A, Apple……」

それにしても、初歩の初歩といった内容だ。妙に明るいおばちゃんのような教師が、学校の説明をしてくれた。

「私は、フィリピン政府から派遣されて、毎日、片道2時間、歩いて通っているの。雨の日なんて、ほんとうにたいへんなんだけど、アイタの子どもたちが勉強したがっているから、休めないわ。私にとって、彼らは自分の子どもみたいなものだもの。彼らにはぜひ中学校、高校に行ってほしいの」

学校の説明というより、自分のことばかりをしゃべる人だったが、子どもへの願いは、ロナルドとまったく同じなのだった。

2時間も歩いてきたのに、教師としての威厳を保ったためなのか、スカートにパンプスを履いている。子どもを抱っこしたり、頭をなでたり、やたらとスキンシップをしている様子は、やはり母親のような思いもあるのかもしれない。

しかし、英語もタガログ語も話せず、小学校の教育さえも十分でない子どもたちが高校まで行くのは、はるか遠い道のりのように思われた。

教科書もないし、ノートも鉛筆もない……。

ん？ 私が日本から送った学用品はどうしているのだろう。送ったTシャツを着ている子どももいないし……。

「ねぇ。前に日本から送ったノートや鉛筆は彼らに届けたの？」

ロナルドに聞くと、しどろもどろになって、

「キャプテンに渡したけど、彼女がみんなに配っていないいんだ。アイタの人は忘れっぽくて困ったものだよ」

なるほど、忘れていたのは、きっとロナルドなんだろうと、私は確信した。ほんとうに頼りない人だ……。

7
自分たちで工夫する知恵が類稀なる能力に

教会の裏では、私たちが泊まるための家が、プリモを中心に男たち数人によってつくられていた。柱と床、屋根はすべて竹で、壁はないが、客人3人が雑魚寝できそうな立派な〝家〟である。

私は、アイタの暮らしを知るためにホームステイをしたいと申し出たのだが、「とんでもない。よそ者を家に泊めるなんて、アイタには絶対ムリだよ」と、ロナルドにあっさり却下されたのだった。

プリモは、山から切ってきた竹を、大きなナイフで手際よく均等に切り分け、あっという間に家を完成させた。

使い込まれた一本のナイフは、アイタの男たちが命のつぎに大切にしているものだ。「ナイフ一本あれば、どこでも生きていける」というのが、アイタの誇りになっている。

一本のナイフで、土も掘るし、木も切る。山で捕らえた獲物の肉や、穫った野菜を切る。木をこすって火をおこし、料理をつくる……。この日、私は、山歩きで足が傷だらけ、筋肉痛になっていたが、プリモが山から何種類かの薬草を採ってきて、傷薬や湿布をつくってくれた。喉が痛いと言うと、薬草も煎じて飲ませてくれた。その効果がすばらしく、日ごろ使っている市販のものよりも、よっぽど治りが早いのではと思うほどだった。

アイタは200種類以上の薬草を知っていて、病気やケガなどは医者に頼らず、自分たちで治してきたという。

自然のすべてに神が宿っていると崇拝し、自然の営みを熟知していた。獣の足跡から「このあたりに猪がいる」、木の生え方から「あのあたりに薬草がある」、空の様子から「すぐに嵐になる」ということも、よくわかっていた。まさに、自然におけるスペシャリストであり、それに目をつけたのがアメリカ軍。基地にアイタを連れてきて、ベトナム戦線のために、サバイバル訓練をさせたというわけだ。

「自分たちで工夫してなんとかする」「自然から生み出す」という習慣が、長い時間をかけ、アイタの類稀なる能力になっていった。そして、「だれかに頼らなくても、自分で生きていける」ということが、アイタの誇りであった。

なにもない場所に放り出されたとき、私たちは、なにができるだろう？　と、ふと考えた。

きっとなにもできない。私たちは、合理化や便利さを求めて、なにかに頼っているうちに、なにもできない人になってしまったのではないか。それは、

アイタ族の手づくりの住居

特別なことではなく私たちの身近で起きていることかもしれない。

ほんの数十年前はあった生活の知恵の多くは、失われている。調子が悪いと、すぐに病院やドラッグストアに行き、天気が知りたいときは、テレビの天気予報を見る。わからないことがあると、自分の頭で考える前にインターネットで解決に行きつく。食卓には、自分ではあまり手をかけなくても、どこかで加工された食品が並び、出したゴミは、業者が取りに来てくれる。家事は家電製品がスイッチひとつでラクラクやってくれる……。

もちろん、そんな便利な世の中は、私たちにとってよろこばしく、歓迎すべき世界だ。しかし、そんなふうに、よろこんでいるうちに、私たちから、生きるためのタフな能力が失われていく。工夫して生み出す力。自分でなんとかする力。状況から察知する力。野性や本能といった本来のエネルギーまでも……。

いや、現代を生きる私たちにとって、そんなサバイバルの能力よりも、人間社会を生きる力のほうが必要になったのだ。なにかの力は衰え、なにかの力は発達する……それも時代の流れなんだろう。

「なにかに頼らないと生きていけない」という生活スタイルは、〝知らぬ間に〟私たちのなかに組み込まれ、世の中の経済活動とともに、がんじがらめに、私たちを拘束している。

だれもが疑問に感じず、あたりまえに流れに身を任せているうちに、私たちは、ふにゃふにゃになっているのかもしれない……。などと、アイタの暮らしから、現代の危機を感じてしまう。


その夜の食卓には、ボディガード役の男たちが担いできた米、川で捕れたワニのスープ、山菜などが、バナナの葉っぱの皿に並んだ。湧水を飲むコップも葉っぱをくるりと巻いてつくったものだ。

食事の時間になると、どこからわいてきたのか、さらに人が増えてきた。小柄なアイタとは思えない、がっちりした男たちがほとんどで、勢いよく食べ尽くし、大量に持ってきた米は、あっという間に半分ほどになった。

「この人たち、ほんとうに村の人なの？」

と聞くと、ロナルドも困ったような顔で、

「あちこちのアイタの村から、来ているんだよ。まわりのアイタにも、よくしてあげないと、まずいだろう？」

アイタに見えないほど、フィリピン人との混血化が進み、純粋なアイタは少なくなっているという。

ヒトミが、「ここの村の人たちが見えないけど、ちゃんとお米を食べてるの？」と聞くと、

「もちろん、各家庭に配っているよ。彼らは、いまごろ、久しぶりのお米で一家団欒《だんらん》を楽しんでいるはずだ」

ロナルドが言うので、私たちはほっとして、ものめずらしい食事をキャンプのパーティのように楽しんだ。

食事が済むと、テーブルにあった残飯などは、すべてざざーっと足もとに投げ捨てられた。

「え？　ゴミ捨て場はないの？」と呆気にとられていると、そこに犬や猫が集まってきて、今度は彼らの食事の時間が始まった。その残りは、鳥たちがやってきて食し、ゴミと思われていた残飯は、きれいさっぱりなくなった。

食べ物から皿まで自然から生み出したものは、すべて自然に返していく、というシステムがアイタ流だった。

ところが、村には、自然のものではないゴミも、ひどく散乱していた。ビニール袋、キャンディのプラスチックの棒、片方だけのサンダル……。これらは、お土産などで村に持ち込まれたもので、アイタの人たちは、「自然に返らないモノがある」という事実を、どれだけ言っても理解できないらしい。

きっと、彼らは、自分の目で見たものだけを信じて生きてきたのだ。それが、自然のなかで生きる術でもあった。

しかし、知らないところで、知らない人が、知らない方法で、なにかをつくっている……文明のシステムは、アイタの人びとの理解をはるかに超えていた。

その日は一晩中、たき火をし、男たちが火を守りながら、ギターを弾いて歌っていた。アイタの歌かと思ったら、世界中でヒットした歌ばかりだった。

そういえば、アイタの子どもたちが、家にテレビがないのに、流行りのテレビCMの真似をしていたのも気になったんだっけ。彼らはどこでそんな情報を仕入れているのか。

まぁいい。新しい竹の床で背中が痛かったが、私はそんなことも忘れるほど疲れ果てていて、歌を子守唄にして、気絶するように眠った。

8 突然の牧師の登場で村を後にすることに……

村に滞在して3日目の早朝、事件は起きた。

突然、見知らぬ韓国人がやってきて、私たちに英語で「出て行け！」と叫んだのだ。

村の中心に建つ教会の牧師だというその男は、

「私の村で、余計なことをするんじゃない」

とまるで、自分の村であるかのような口ぶりであった。

ミスター・リーと牧師は、しばらく喧嘩腰の問答をしていたが、互いに平行線のままだった。

ヒトミは悟ったようにつぶやいた。

「なるほどね。つまり、この村は、あの牧師に支配されてるっていうことよ」

牧師の登場でわかったことは――。

韓国のキリスト教団体が、アイタの人たちが村をつくるための支援をしたこと。

その代償として、もともと自然信仰だった村の人びとは、キリスト教に改宗したこと。牧師は村には住んでいないが、世界中のキリスト教ネットワークを通して集めた服や義捐金を、ときどき配っていること。牧師に気に入られている人から順に、教会に近い土地を与えられたこと……。

これで、女性キャプテンや、発言力のある人の家が教会のそばに建てられているのも納得できた。

世界のあちこちで起きている経済と権力による支配が、このフィリピンの山奥でも起きていた。牧師は、「私は、村人のために生活を支援し、キリストの教えを伝えている」と言ったが、そんな教えが伝わっているとは、到底、思えなかった。牧師の目的は宗教を手段として人をコントロールし、組織を大きく広げていくことなんだろう。

しかし、アイタの人たちは、自分たちの信仰をあっさりと捨て、牧師に従ったのだろうか？

ミスター・リーは村を見渡して、悔しそうに言った。

「一度、援助漬けになった人たちは、なかなかそこから抜け出せない。援助がなければ、生きていけないようになってしまうんだ」

気の弱いロナルドは、涙目になって、「ともかく、山を下りよう」と言うばかりだった。

気がつけば、頼りにしていたボディガードの男たちは、ほとんどいなくなっていた。彼らは、食料が減るにしたがって、街に戻っていったらしい。

まるで夢から覚めたように、村はひっそりと静まり返っていた。

9 プリモの意を決した告発

街に戻った夜、私たち3人は、「どうして？」という疑問で、なかなか眠ることができなかった。

ロナルドは、村の事情を知っていたのか？

村の人たちは、私たち3人のことをどう聞いていたのか？

アイタの人たちは、自立する気持ちがあるのか？

わからないことばかりだ。

ミスター・リーとヒトミの暮らすマンションで、夜通し話し合った。アイタ族の工芸品の販売や写真展は、実行するべきなのか……。

そして、翌朝のこと。思ってもみないことが起きた。

どこで住所を知ったのか、アイタ族のプリモが訪ねてきたのだ。部屋のなかに招き入れようとしたが、頑《かたく》なに入ってこない。彼は思いつめたように一枚の手紙を差し出して一礼し、走り去っていった。

プリモはタガログ語も英語も話せない。もちろん、字も書けない。彼は、だれかに通訳を頼み、街の代筆屋に依頼して、私たちになにかを伝えるために手紙にしたのだった。

どこかで野宿したのだろうか。山から街に下りてくるのも、お金を使うのも、そして、私たちの居所を突き止めるのも、プリモにとっては容易なことではなかったはずだ。

それほど、伝えたいことがあったんだろう。

そして、手紙を読んで、私たちは、すべてのことを理解した。

「ロナルドに裏切られた」という言葉から、その手紙は始まっていた。

ロナルドは、村を支援してくれる日本人を連れてくるから、みんなで歓迎してくれ、とアイタの人たちに伝えていた。しかし、お金も食料もすべて自分たちで横取りし、村の人たちは、じつは、なにももらっていない……という内容だった。

プリモは、自分たちのことを訴えているというより、すべての事情を察して、「あなたたちに申し訳ない。私たちを助けてくれようとしているのに、すべてが無駄になっている」と伝えたかったのだ。

そして、私たちが疑問に感じていた、すべての謎が解けた。

村で見たものは、まさに幻だった。

おそらくキリスト教団体の支援に不満を感じていたキャプテンをはじめ、アイタの村人たちは、私たちのことを、たしかに歓迎してくれていたのだろう。村の人たちは、きっと純粋でいい人たちなのだろうと思う。

でも、あの日、村に集まっていた人の多くは、子どもたちを含め、街のフィリピン人だった。アイタ族の血を引いているのか、そうでないのかは定かでないが。学校も、教会も、日ごろは、まったく開かれていなかった。女性教師も、初めて村にやってきたフィリピン人で、そもそも教師なんかじゃない。多すぎるボディガードの男たちは、ただでご飯が食べられるというだけで集まってきたか、または、ロナルドがわずかなお金で雇ったのだろう。私たちが直接、アイタの人たちと交流して、義捐金を渡さないよう、強力にガードしていたのだ。

もちろん、私が日本から送った文房具もアイタの人たちには届いていない。村でご馳走を振るまわれていたのは、街からやってきた人ばかりだった。

ともかく、「貧しいなか、健気《けなげ》に生きているアイタ族」という壮大な舞台が演出され、私たちはその芝居に付き合っていたことになる。すべては、ロナルドたちが私たちからお金を引き出し、それを自分たちの懐に入れるために……。

「ばっかみたい」

と、ヒトミは煙草をふかしながら、ため息をつき、ミスター・リーは、怒り狂ってロナルドに電話をした。

案の定、彼は泣きながら「申し訳ない」と言ったきり音信不通になり、一家でどこかに雲隠れしてしまった。

周辺情報を集めるうちに、すべての黒幕は、ロナルドの妻、ダイアナだということもわかってきた。

家に立ち寄ったとき、ダイアナが「娘が出産するから、お金がかかるのよ〜」と、世間話のように言っていたが、いまごろ、ロナルドに預けたお金は、娘の出産資金にでもなっているのかもしれない。文房具も服も彼らの子どもや親族が使っているんだろう。

すべては、ダイアナの筋書き通りに進んでいた。

韓国人の牧師が噂を聞きつけてやってこなければ。そして、プリモが意を決して告発してこなければ……。

10 ここにアイタの真の姿があった！

すべての事情を呑み込んだ私たちは、翌日、別の通訳を雇って、プリモの家に向かった。

竹でつくられたプリモのちいさな家は、私たちが滞在した村から、数キロ離れたところにぽつんとあり、30代のプリモ夫婦と子ども8人、計10人で暮らしていた。

いまも先祖代々伝わる自然信仰で、キリスト教に改宗していないプリモは、村に家を建てることを許されていなかった。もちろん、支援物資も回ってこない。

今回の私たちの滞在時にプリモが呼ばれたのは、彼がアイタの知恵をいちばん引き継いでいて、対外的なパフォーマンスをするには最適な人物だったからだ。

思い起こすと、私たちの家をつくるのも、火をおこして料理をつくるのも、薬草をつくるのも、すべてプリモがやってくれた。「ほかの人たちは、なにをしていたのだろう？」と思い出せないほどだ。

たしかに、プリモは、アイタの〝ホンモノ〟だった。彼の生活を見て、初めてアイタという民族を知ることができた。

それは、衣食住、すべてが自然に根差したものだった。プリモは、長年伝わる伝統の方法で、鳥をつかまえるための罠をしかけ、手製の弓矢で猪などの獲物を捕って、狩猟生活を続けていた。

家の裏庭は、どこからもってきたのか空のブリキの灯油缶が置かれ、弓矢の練習場になっていた。離れた場所からプリモが矢を射ると、灯油缶の真ん中を貫通して、ぽっかりと穴が開いた。プリモのカッコよさにしびれてしまう。先端まですべて木だけでつくった弓矢なのに、すごい威力だ。

庭の隅では、プリモの息子たちが、お手製のちいさな矢で、木の高いところに生《な》っている実を落とす練習に熱中していた。

子どもたちはきっと、なんでもできる父親のことを尊敬しているんだろう。

プリモの家は、経済的には貧しいながらも、家族はみな仲が良く、豊かに生きていた。いや、「貧しい」というのは、私たちの傲慢な視点なのだ。プリモは一家の主としての威厳に満ち、まぶしいほど輝いていた。

どうしてこんなにカッコいいんだろう、と思っていると、となりでミスター・リーがつぶやいた。

「プリモには、誇りがあるんだ。アイタの優れた能力を大切にしていて、どんなに環境が変わろうと、ぶれることがない。自分たちの世界には価値があると信じていて、誇りをもっている。だから、彼がニューヨークのビジネス街でスーツを着ていたとしても、堂々としていて、だれにも負けないぐらい輝いているよ。ロナルドや、あの牧師は、都会では貧相になってしまうだろうけどね」

誇りというものが、どれだけ人を輝かせるのか、私は知らなかった。

アイタの村で、自分でつくった籠を恥ずかしそうに隠し、プラスチックの皿を出してきた女の子の姿は、私自身の姿のようにも思われた。

私は私の世界を見ようとしなかったのではないか。

ほんとうは先祖から受け継がれてきた価値あるものや能力があるのに、自分の価値を「この程度」と決めてしまっているのではないか……。

知らず知らずのうちに、人は、まわりの世界と、自分を比較しながら生きている。自分のなかにないものを他人のなかに見つけ、引け目を感じてしまうと、途端に誇りは失われ、〝惨めな自分〟になってしまう。世の中の流れに追随して、「これがいい、あれがいい」となにかを求めて彷徨《さまよ》っているうちに、さらに自分を見失ってしまう。そして、不安や焦りからまた新しいものを取り入れようともがき、こころ休まるヒマはない……という悪循環。これこそ、ほんとうの「貧しさ」なのではないか。

もちろん、新しいものを取り入れることは、悪いことじゃない。世界を広げていくことは、悪いことじゃない。しかし、それと同じくらい、いや、それ以上に自分のなかにある価値を見つめようとしなければ、私たちは誇りをなくしてしまう。

その後、ミスター・リーとヒトミは、フィリピンに残り、プリモといっしょに、アイタの知恵を伝承していくことになった。

日本での工芸品の展示と写真展は頓挫してしまい、当初の目的は果たせなかったが、私は十分だった。プリモから、生きるための本質的な知恵を与えてもらったからだ。

私たちは、どんな人であっても、自分の世界をもっている。「自分は自分である」とその価値に気づくこと。それが誇りになる。そして、「どんなふうに生きているか」が、さらなる誇りになっていく。

私たちのなかには、尊び、感謝するべき偉大な誇りがある。

文化や伝統への誇り。家族や祖先への誇り。生まれ育った場所への誇り。仕事への誇り。愛情への誇り。自分の歴史への誇り。自分の行動への誇り。そして、かけがえのない命への誇り……。

私たちは、自分の世界に誇りをもつことで、輝くことができる。誇りは自信になり、強さになり、人生を切り開いてくれる。

さまざまな情報に触れて、不安になりがちな現代社会を生きていくために、誇りはなくてはならない必要なものだと思うのだ。

第4章

『「変わらざるもの」のために、変わり続ける』

── イスラエル（前編）

1

世界最強!?のユダヤ人

じんわりと温められるような早朝の光で目が覚めた。ホテルの窓から外を見ると、初めて見るのに、どこか懐かしいエルサレムの街が輪郭を現した。濃い緑のなか、こまごまとした白い建物が無造作に散らばっている。

昨夜遅くベン・グリオン空港に着き、そのままホテルに直行したので、景色はほとんど見ていない。

「やっとここに戻ってきた……」

エルサレムの街を見て、そんな不思議な感覚がわいてきた。自分でもびっくりするほど。もちろん、かつて住んでいたわけではない。旅行で来たことがあるわけでもない。しかし、私はずっと昔からこの街のことを知っていた……。

そうだ。「エルサレム」という場所の名前は、子どものころから知っている。あれは、7歳から10歳ぐらいだっただろうか。となりの家の幼なじみに誘われて、私は教会の日曜学校に通っていた。そこでは新約聖書を音読したり、賛美歌を歌ったり、イエス様が人びとを助ける紙芝居を見たりして過ごした。子どもの私にとって、イエス・キリストが生きたベツレヘムやナザレ、エルサレムなどイスラエルの地は、初めて知る異国であり、「そこは、どんな世界なのか？」、勝手にあれこれ想像していたのだ。

もしかしたら、私が生まれるずっと前の祖先も、この地に思いを馳せたことがあったのかもしれない。ともかく、私のなかの一部が、エルサレムの地で「戻ってきた」とハッキリ感じたのだ。

今回の旅は、毎年死海地方で開かれているオペラのイベントに合わせて、イスラエル政府が世界のジャーナリスト向けに企画したものだ。ホテルで、旅に同行してくれる日本人ガイド、エリコさんと朝食をとる。日に焼けた笑顔がまぶしく、チャーミングな女性だ。話していて心地いいので、のっけから互いの身の上話になる。

エリコさんは、市役所に勤務するイスラエル人の夫、3人の子どもと、17年間エルサレムで暮らしている。長女は兵役中で、月に数回帰ってくるそうだ。

「どこでご主人と知り合ったの？」

「夫が昔、日本でアクセサリー売りをしていたとき、仕事を通して知り合ったの。そのあと、夫の親戚がいたラスベガスに2年ほどいて、エルサレムに戻ってきたのよ」

そういえば、私が故郷の街角で会ったアクセサリーの行商人も、イスラエル人の青年だったことを思い出す。片言の日本語ができて、人懐っこい彼と顔なじみになって、前を通り過ぎるたびに、笑顔で手を振り合ったんだっけ。

「イスラエルは徴兵制があって、18歳になると、男性が3年、女性が20か月から24か月、女性戦闘兵になると3年、兵役につくの。そのあと、ほとんどは1～2

年、世界をバックパッカーとして放浪したり、知人を頼って別の国でアルバイトしたり、留学したり。国に戻ってからアルバイトでお金を貯めて、大学に入って就職。大学に行くのは大抵20代後半で、夫も大学に入学したのは30歳を過ぎてからよ」

なるほど、あの街角にいた青年には、そんな背景があったわけだ。私とイスラエルを結ぶ遠い過去の点が、現代の点に移り、その点と点が結ばれていく。

しかし、「兵役↓旅↓大学↓仕事」というのは、遠回りなようで、ある程度、社会経験を積んでいるため、失敗が少なく、意外に効率的な道のりかもしれない。兵役で精神と肉体を鍛えてから旅をする。旅をして世の中を知り、自分の役割を考える。そして、学び、働く……。

日本人の私は、当然のことながら兵役もなく、若いころに海外旅行をすることもなかった。そのためであるかどうかはわからないが、大学や仕事の選択をまわりに流されるように決め、「ちょっとちがったかな」というまちがいを何度もした。

世間のことを知らないまま、いきなり社会に出て、その厳しさに何度もガツンとやられた。まちがったり、ガツンとやられたりするたびに軌道修正しながら、現在の仕事にたどり着き、学ぶ必要を感じて大学院に行き、いま、こうして世界を知るための旅をしている。つまり、「仕事↓大学↓旅」というまったく逆の道のりだ。それはそれで味わいがあるのだけれど、若いころに、世の中のこと、世界の人びとのこと、そして自分のことをよく知っていたら、また別の人生への挑み方があったのかもしれない。

朝食のトマトとキュウリのサラダを食べながら、世界中のだれもが、どこかで、この地につながっているんじゃないか……とふと思った。

イスラエルを祖国とするユダヤ人の民族性は、とても興味深い。「ユダヤ人」または「ユダヤ系」と呼ばれる人びととは、イスラエル人口（約834万人）のうちの約75％（残りの約25％はアラブ人その他）を含めて、世界中に1300万人以上いるといわれる。世界への影響力を考えると、意外に少ないという印象。

私は『ユダヤ人大富豪の教え』という本に影響を受けたことがある。不可能を可能にすること。困難を乗り越えること。人に助けてもらうこと。世の中のことを知ること。お金を稼ぐだけでなく豊かに生きることなどが書かれた本だった。その本に出合って上京し、こうして物書きの道を歩くようになった。

ユダヤ人は、ノーベル賞受賞者が多いことでも有名だ。学問や経済、芸術などに抜きん出た才能を発揮してきた人も多い。かつてヨーロッパ金融を席巻した銀行家ロスチャイルドや、物理学者アインシュタイン、映画会社「ワーナー・ブラザース」のワーナー兄弟、現代では、映画監督のスティーヴン・スピルバーグ、フェイスブックの創業者マーク・ザッカーバーグもユダヤ系アメリカ人のはず。その勤勉でパワフルで、たくましい精神や独創性は、ユダヤ人がたどってきた歴史によるのかもしれない。

ものすごく簡単に説明する。約2000年近く前、ローマ軍の侵攻でこの地を追われたユダヤ人は、ヨーロッパやロシア、北アフリカ、アメリカ大陸など全世界に散らばって迫害を受けながら、祖国を心の奥に抱き続けていた。19世紀末から「神との約束の地であるシオンの丘（神殿が建っていた場所）に帰って、自分たちの国をつくろう」というシオニズム運動が起こり、第二次世界大戦後の1948年、ついにイスラエル建国は実現した。

彼らはきっと、どんな環境でも生き抜く知恵を民族レベル、DNAレベルで知っている。何世紀にもわたって自分たちの故郷を守ろうとする精神は、想像をはるかに超えていて、とても中途半端な言葉では語ることができない。

生きるエネルギーというものは、安定したところで生まれるのではなく、「生き抜こう」と感じる場所で生み出されるものなんだろう。

イスラエルの旅は、3000年前から続く聖書のなかの世界と、現代のユダヤ人のことをこの目で確かめたい……という気持ちから始まっていった。

2

世界を凝縮したエルサレム旧市街

旅のスタートは、世界中の人が目指してやってくるエルサレムの旧市街からだ。ここは、ユダヤ教、キリスト教、イスラム教という三つの宗教のいわずと知れた「聖地」。わずか約1キロ四方をぐるりと囲む城壁のなかに、異なる宗教の聖なる地が集中する。といっても、これらの宗教は、まったく切り離されたものではなく、唯一絶対の神を信じる姉妹宗教ともいわれる。歴史的な出来事は共通するものが多く、その中心となったエルサレムの街は、それぞれ意味のある場所が地層のように折り重なっている。

ちがいはいろいろあるが、教典だけで比べると、紀元前から旧約聖書を教典とするのがユダヤ教、それに加えてイエス・キリスト誕生後の新約聖書を信仰するのがキリスト教、さらにそこからイスラム教の開祖ムハンマドがつくったのがコーランとされる。ちなみに、ユダヤ教では神は絶対的な存在で、イエスの存在を認めていないが、イスラム教では預言者として認めている。

旧市街の雰囲気は、拍子抜けするほど明るく開放的だ。ピンクのブーゲンビリアがあちこちに咲き、古い街並みながら、きれいに整備されている。マナーさえ守れば、だれもがほぼ自由に出入りできる。世界各国から、宗教団体、旅行会社に引率されてやってきた人びとは、巡礼をよろこび、楽しんでいるよう。宗教のちがう人びとが談笑したり、並んで歩いている姿も珍しくない。

キリスト教だけでも、ローマ・カトリック、アルメニア正教、ギリシャ正教、ロシア正教など細かくあるが、それが同じ建物のなかで区分けされ、各宗派の法衣を着た人びとの儀式をいっぺんに見られるのも感慨深い。

世界の人びと、さまざまな宗教の人びとが共存する姿こそ、現代の「聖地」の有りようといえるのかもしれない。エルサレムの街は、まるで世界を凝縮したかのようだ。

　旧市街は大きく分けて「キリスト教徒地区」「ムスリム地区」「ユダヤ人地区」「アルメニア人地区」……と4つの地区に分かれている。アルメニア正教はキリスト教であるが、独立して区分けされている。いちばんちいさいながらも、旧市街のなかでは存在感をもっている。

荘厳な旧市街の門

　旧市街を囲んでいる城壁にある8つの門のひとつ、ヤッフォ門から入ると、右手がアルメニア人地区で、左手がキリスト教徒地区。四角形の石畳は、ツルツルと自然に磨かれ、どれだけ多くの人びとがここを通って巡礼したのかと想像してしまう。
　奥に進んでいくと右手には聖マルコ教会があり、イエスが最後の晩餐を行ったとされる部屋がある。

食卓にイエスと弟子たちがずらりと並んだレオナルド・ダ・ヴィンチの「最後の晩餐」の絵が有名だが、実際は椅子に座って食卓を囲んだのではなく、イエスはここで床に直に座った形で話をし、弟子たちの足を洗ったとされる。現在の建物は十字軍が建てたもので、柱からいくつものアーチがかかったゴシック様式の天井になっている。オスマントルコの時代は、イスラムの寺院として使われたこともあったとか。大がかりなリフォームを繰り返してきたのか、現在の部屋は、意外にちいさくなっているように感じる。

通りを挟んで反対側にあるのが、イエスの墓がある聖墳墓教会。ここはキリスト教にとっては、聖地中の聖地。教会のなかには、イエスが十字架にかけられたゴルゴタの丘がある。丘といっても教会のなか。かつては、ここが丘になっていたのだろう。十字架が立てられたポイントには祭壇があり、一人ずつ入って祈りを捧げる。イエスが十字架から下ろされて横たえられたとされる長方形の石は、多くの参拝者が愛おしそうになでていたり、額を当てていたりする。

教会のいちばん奥は、イエスが棺に納められたとされる場所。現在は円形の大聖堂になっていて、真ん中にある棺の部屋を包むように、天井からの光と、無数の蠟燭《ろうそく》が幻想的な空間をつくり出している。

ゴルゴタまで続く、イエスが十字架を背負って歩いた「悲しみの道」は、いまも繁華街で、金曜日には修道士たちが十字架を背負って歩くという。「イエスが十字架の重さに耐えかねて最初につまずいた場所」「母マリアがイエスを見た場所」「シモンがイエスの代わりに十字架を背負った場所」……と14のポイントで立ち止まり、イエスのこころを刻み込みながら。

静かに存在感を放っているのは、南側の少し離れた場所にある「聖母マリア永眠教会」だ。ここにはイエスの母、永眠するマリアの像があり、イエスを抱いたマリアのモザイク画、ステンドガラス、床の細かいタイルの絵がうつくしい。聖堂に座っているだけで癒され、穏やかな気持ちになっていく……。

「イエスは人びとのために命を捧げて、マリアは世界の人たちのお母さんになったんでしょうね」

キリスト教徒ではないというエリコさんがつぶやいた。

「人びとのために……」、それを身をもって教えたキリストの功績は大きい。宗派や時空を超えて、いまも世界の人のこころのどこかに大切な教えとして根付いている。約2000年前に起こった遠い出来事が、エルサレムという街のマジックなのか、つい最近の出来事のように近づいてくる。

聖墳墓教会から北のダマスカス門の方向に歩くと、ムスリム地区。アラブ人が暮らし、集まってくる場所でもある。活気のあるスーク（市場）があって、食料品から下着、生活用品までなんでもそろう。内側はアーケードになっていて土産物中心だが、門の周辺は食料品の露店が多く、男性たちに交じって子どもや女性たちもシートを広げて野菜や日用品を売っている。

入り組んだ小道を歩いていると、あちこちから、「これはどう？」と陽気なアラブ人たちが声をかけてくる。ゴマパンや、グラム売りしているお菓子を買って食べ歩きするのも楽しい。

アラブ系の衣装は色がうつくしく、私はここで見事なレース編みのポンチョを購入。値切って約3000円ほどは、ものすごくいい買い物だ。

逆の南方向に歩くと、街の雰囲気はがらりと変わる。そこは、ヨーロッパの街並みのようなおしゃれな店が並ぶユダヤ人地区だ。こぎれいなケーキ店やカフェ、地下の遺跡を修復したアーケードもある。価格もアラブ人地区とはまったくちがって高くなるが、値札がついていて安心感がある。このような多様性は、エルサレムではあたりまえのことらしい。街を歩いていて、つぎからつぎに表情が変わっていくのも、エルサレムの面白いところだ。

3 歴史が折り重なる「嘆きの壁」

東へ東へと歩くと、ついに見えてきた。「嘆きの壁」だ。写真で何度も見たことがある。白っぽい石が積み上がった壁で、そこに触れるために世界中から多くの人びとが集まってくる。

壁の見えている部分の長さは57メートル、高さは19メートルあるとか。開けた空間のなかにあるので、遠くから見ると、ちいさく感じるが、近づくと、その重厚感に圧倒される。この壁は2000年近くの間、破壊と、その上への建造が繰り返されるさまを、じっと見守り続けてきたのだ。

「嘆きの壁」は、地層のように折り重なった歴史を象徴する場所でもある。もともと高台になっていたこのあたりは、紀元前10世紀ごろからユダヤ人の神殿が建っていて、紀元前19年にローマ帝国と同盟したヘロデ王によって大幅に改築された。ヘロデ王亡きあとの紀元70年、神殿がローマ帝国の侵攻で破壊されたあと、わずかに残ったのが西側の外壁、「嘆きの壁」だった。

壁の向こう側の神殿跡には、イスラムの黄金に輝くモスク、「岩のドーム」が見える。この礼拝堂は、638年、イスラム勢力がエルサレムを征服した記念に建てられたもの。ムハンマドが昇天したときの岩が残るイスラム教の聖地でもある。

ここから世界に散らばっていったユダヤ人にとっては、神との約束の場所であり、「この地に帰りたい」という悲願の場所でもあった。1948年のイスラエル建国後もヨルダン管理下にあり、ユダヤ人だけでなく、ムスリムも神殿の丘には近づけなかった。

約1900年間のユダヤ人の願いが叶い、自由に来られるようになったのは、1967年の六日間戦争のあとのこと。「嘆き」とは、神殿の破壊を嘆き悲しんでいたユダヤ人を表している。壁にところどころ生えた草が壁を夜露で濡らし、それがユダヤ人の涙を象徴しているという説もある。いまではユダヤ教徒だけでなく、宗教を超えて世界中の人びとがやってくる。

嘆きの壁をよく見ると、積み重なる石の層によって、造りがちがう。上にいくほど、だんだんちいさくなっているのだ。

7段目までがヘロデ王時代のもので、横長の巨石でざらざらしている。現在は地表が高くなっているため、地下にまだ19段、高さにして21メートルが埋まっているという。

真ん中あたりは、四角い石で少し小さくなり、表面が滑らか。さらに上層部分にいくほど、石が細かく重なっている。これは、何度も代わったイスラムの支配者によって追加されていったものだ。石は、積み重なった時代を表している。

嘆きの壁に近づくには、イスラエル兵士による簡単なセキュリティチェックがある。「この壁はユダヤ人だけでなく、世界のすべての人にとって大切なものですから」といわれているよう。

壁は向かって右側が女性、左側が男性と柵で区切られていて、男性は頭を隠さなければいけないため、入口でキッパというちいさな帽子を貸してくれる。

女性エリアの壁の前では、石に頭を当てて一心不乱に経典を読んでいる人、声を出して泣いている人、椅子に座ってなにかを唱えている人……と、いろいろな人がいる。

「メモ用紙に願い事を書いて、石の隙間に入れて祈ると叶うんですよ」

エリコさんに促されて、「ほんとう?」と言いつつ、やってみた。壁に手を当てながら、ここまでたどり着いた感謝と世界の人びとへの祈りと、自分自身の願いをひとつ……。

そのとき、願いが叶う光景がハッキリと浮かんだのは、そこが何千年もの間、神に通じていた場所だからかもしれないし、人びとの強い祈りが積み重なった場所だからかもしれない。まるでパワースポットのように不思議と現実味をおびてきたのは、なんだったのだろうか。

4

隅々にまでいき渡る女性活用と子育て

「嘆きの壁」の男性エリアで一際目を引くのは、ツバの広い黒いハットに黒い服、顎鬚やもみ上げを伸ばした男性たちの姿だ。じっと固まったまま、石に手を当てている。古典的なオーラを漂わせ、そこだけ時間が止まったかのよう。

「彼らは、ユダヤ教のウルトラ・オーソドックスといって、いちばん厳格な超正統派の人たち。男性は働かずにユダヤ教の研究だけをしているの」

とエリコさんが解説してくれる。

日本でいう修行僧のようだが、結婚はほとんど同じ宗派同士、お見合いで決まって、教義上、避妊をしないため、子だくさんが多い。主に奥さんが働いて、足りない分は生活保護に頼っているという。

これは社会的な問題にもなっているらしいが、一方で、彼らは、ユダヤ教にとって重要な役割を果たしているという考えもある。

「じゃあ、彼らはイクメンなのね」

と言うと、日本を離れて久しいエリコさんは、不思議そうに聞く。

「イクメン……ってなに？」

「育児をするメンズ（男性たち）のこと。最近の日本では、女性が働くために、イクメンが推奨されているのよ」

「そう、イクメンかも（笑）。でも、イスラエルでは、女性が働くのは、あたりまえ。しかも、子どももどんどん産む。5人以上子どもがいるのも珍しいことではないのよ」

女性の働き方に関する本も書いている私にとっては、大いに関心のあるテーマだ。

「どうやったら、働きながら子どもも産めるの？」

「イスラエル政府や企業は、女性が子どもを産むことで、社会的に不利にならないようにサポートしているの。採用や昇進も、女性やマイノリティの民族など、立場が弱くなりがちな人から優先するから、女性の管理職は30％以上。出産や子育ても政府が助けてくれる。ユダヤ人のDNAを残していくことは、国にとって大切なことなのよ」

なるほど。民族を残していくことを重要とするのは、ユダヤ人がこれまで世界各地でマイノリティとして生きてきた歴史によるところが大きいんだろう。

女性が子どもを安心して産めるようにしようという考えは、政府だけでなく、民間や個人にまで浸透している。生殖医療は世界トップレベルで、高齢出産はもちろん、シングルのまま、精子を提供してもらって出産することも珍しくない。あたりまえにあることなので、偏見に晒されることも少ないとか。

女性が子どもを産むために、みんなで支える。その代わり、仕事だけでなく、兵役に至るまで社会参加できるところは、女性であっても、しっかりと役目を果たしていく……ひとつの男女平等である。

「じゃあ、ニートなんていないの？」

「ニートってなに？」

「いつまでも親元にいて、働かない人のこと」

「ずっと親に頼っているなんて、イスラエルでは恥ずかしいことだと思われるわね」

ただし、18歳までは教育熱心な親が多く、子どもの才能を伸ばすために、親戚などまわりの大人たちが「この子はこんな特技がある」「こんな分野に向いている」と積極的にアドバイスするのだとか。18歳から兵役によって家を出て、独立していくイスラエル人は、「自分で生きていく」「家族をもつ」「子どもを産む」ということを、とても真剣に考えているようだ。

イスラエル人から学ぶことは、まだまだたくさんありそう。できれば、もっとじっくり滞在して、詳しく学んでみたいところ。

5

元気のある野菜と豊かな料理

その日の午後は、路面電車LRTで新市街のユダヤ人のマハネー・イェフダー市場に行ったり、洞窟になっているヘロデ家一族の墓を見たり……と、ひたすら歩き回り、夜は旧市街のユダヤ人地区にあるおしゃれなレストランで食事となった。

イスラエルはワインでも有名だが、酒に弱い私は、冷やした生ミントティーをいただく。これが新鮮でさわやかでどの料理にもよく合う。

おどろくのは、前菜の多さだ。ハーブ野菜やトマトのサラダ、豆やナスのペースト、ファラフェルというひよこ豆でつくるコロッケ、焼きナスの料理など、つぎからつぎへと出てくる。味付けは塩やレモン、オリーブオイルなどシンプルでやさしく、ボリュームがあるのに、いくらでも食べられそう。

とくに、うまみがぎゅっと凝縮されたナスには、すっかりハマってしまった。ナスってこんなに甘かったんだと感動。

「野菜が瑞々《みずみず》しくて美味しいでしょう？　ほとんどが有機栽培で、国内でつくられているの。砂漠が多くて雨の少ない地域なのに、食料自給率は90％以上よ」

市場もとても活気がある

と、エリコさん。たしかに野菜が元気で甘くて、生命力にあふれている。厳しい環境だからこそ、野菜も人も、生きる力を発揮する……ってことなんだろうか。

「でも、水がない場所で、どうやって野菜をつくるの？」

「イスラエルの農業技術は優れていて、その土地に合った栽培方法を編み出しているの。たとえば、畑にはホースを通して、植物にピンポイントで水を供給するとかね」

そういえば、公園の花壇にもちいさなホースが張り巡らされていて、植物の根っこの部分にだけ、ちいさな穴から少しずつ水が流れ出るようになっていた。乾期というのに、街中に色とりどりの花が咲いているのも、そんな農業技術が構築されているからだろう。

メイン料理の1品目は羊肉のトマト煮込み。平たい皿の上にはパイ生地がかかっていて、それを崩しながら食べる創作料理だ。

イスラエル料理は、中近東のものが中心だが、ユダヤ人が各国から持ち帰った料理が混ざっているため、バラエティに富んでいる。それぞれの伝統料理だけでなく、現代風にアレンジされたものが多くて、さらに料理の幅を広げている。素材からワイン、料理方法まで極められていて、レストランの質はどこも高い。

メイン料理の2品目は、マクルーベという炊き込みご飯。大きな鍋に米といっしょに鶏、野菜を入れて炊く中近東の料理で、鶏と野菜のうまみがご飯に染み込んで、ほっこりする、どこか懐かしい味。

若くてハンサムな店主は、私たちの目の前で大きな鍋を豪快にひっくり返すというパフォーマンスをやってくれた。丁寧に料理を説明する姿から、一生懸命さが伝わってくる。

かたわらにうつくしい女性もいたので、「奥さん?」と聞くと、

「いいえ。彼女は従業員で、ボクは結婚しています」

とにっこり。彼は、子どものころ、アメリカに両親と移住したものの、エルサレムに帰りたくて、一人だけ戻り、店を開いたのだという。

「イスラエルには、彼のようにUターンするユダヤ人だけでなく、一度も暮らしたことはないのに、ユダヤ人ってことで、Iターンする若者が多いの」

エリコさんのように国際結婚でやってくる人、最近は企業の駐在員としてやってくる人も多い。政府は、そうしてイスラエルにやってきた人たちがウルパンという語学学校で公用語のヘブライ語を学ぶのを無料でサポートしている。といっても、イスラエルでは大抵、英語が通じるのだが、エリコさんも最初はユダヤ人社会に溶け込むために、ウルパンに通ったとか。

イスラエルは、食文化だけでなく、芸術や生活や、企業経営などにおいても、そんな世界から集まったエッセンスが混じり合っている。ひとつの場所で、これだけさまざまな世界を感じられる場所というのも珍しい。

6

ユダヤ民族結束の場所「マサダ」

翌朝は、旧市街の北東にあるスコープス山から、離れがたいような気持ちでエルサレムの街を見渡し、死海地方に向かう。死海へ続く道は、ひたすら荒野。ときどき、砂漠の民、ベドウィン族のテントに出合う。

途中、「海面0」という場所があった。ここからずっと下り坂で、地球でもっとも低い場所、標高マイナス約400メートルの低地にある死海まで、道は続いている。

エルサレムから約30分、エメラルドブルーの死海の湾岸にたどり着くと、対岸に見えているのは、ヨルダンだ。そして湾岸を走ること数十分で世界遺産「マサダ」が見えてくる。一面、赤茶けた荒野のなかに、切り取られたような断崖の丘がにょきりとそびえている。ここは紀元前100年ごろ、自然の造形を利用して造られた巨大な要塞で、ヘロデ王の時代に増強されて、ローマ様式の豪華な宮殿となったという。

マサダは、ユダヤ人にとって特別な場所だ。

紀元70年、ローマ軍がエルサレムを攻撃したとき、逃れた人びと967人が籠城したのが、このマサダだった。ローマ軍約1万人は3年にわたり、マサダを包囲して、土を運んで城壁を埋め、ついに攻め込んだ。

しかし、そこには2人の女性と5人の子どもを除き、ローマ軍突入の前夜に集団自決した人びとの姿があったという。奴隷となるより死をもって誇りを貫いた彼らの悲劇は、いまも人びとのこころに深く刻まれている。

高さ400メートルの山頂まではロープウェイで上れる。元気があれば当時の人びとが歩いたという「蛇の道」を。ぐにゃぐにゃに曲がりくねった道を歩くのには1時間以上かかるというので、今回はもちろんロープウェイで。

宮殿のあった場所に着くと、その景色の壮大さに、息を呑む。見渡す限り、荒野と死海。遮るものはなにもない。四方八方は絶壁になっているので、下を見ると足がすくむ。ローマ軍が足場をつくって上ってくるのに3年近くかかったというのもうなずける。

こんな場所に、ヘロデ王が豪華な別邸を造ろうとしたことにもおどろくが、それにかかった人力と財力は、とんでもなく莫大なものだったはずだ。

宮殿跡は約2000年前のものとは思えないほど、しっかりと柱や土台が残っていて、いかに高度な建築技術であったかがわかる。大浴場は広く、いまも鮮やかな壁画が残っている。ちいさい柱の上に板を置いて、火を焚《た》き、蒸気で部屋全体を暖めて汗を流すというローマ式サウナ浴場は、人びとの憩いの場となっていた。何部屋もある食料倉庫には、3年間、籠城したあとも、何年分もの食料や酒などが貯蔵されていて、ローマ軍が攻め入ったときは、すべて燃やされていたという。

また、プールのような巨大な貯水槽は10以上あり、雨期に発生する鉄砲水を利用して、約4万トンの水が蓄えられ、飲料水だけでなく、プールや農業用水にも使われていた。

ヘロデ王の私邸「北の宮殿」は、北東の先の尖った部分にある。絶景を望む上部のテラスつきの部屋は、ヘロデ王が使っていて、下段の突き出たテラスには、客人をもてなすための客室があった。死海と砂漠を独り占めするような贅沢な別荘である。

最後に、自決した人びとが、死んでいく順番を決めるくじを引いた部屋を訪ねた。3年もの間、この地に立て籠もり、「今日までの命」と覚悟したユダヤ人たちは、最期になにを思ったのだろう。

下りのロープウェイのなかで兵役中の女の子たちに会ったので、写真を撮らせてもらおうとすると、にっこり笑ってポーズをとってくれた。ショートパンツにサンダルの私服にライフル銃をもっている姿にはドキリとするが、兵役中は、銃を肌身離さず、自分で管理する責任があるのだとか。

娘が兵役中というエリコさんは、親しげに話し込んでいる。イスラエルの人びとにとっては、兵士たちの姿はあたりまえにある光景なのだ。

「イスラエル国防軍の入隊式は、このマサダであるの。若い兵士たちは『マサダの悲劇は繰り返さない。この国は自分たちの手で守る！』って誓うのよ。うちの娘も弱々しかったのに、入隊してから、しっかりしてきて大きな人を背負って歩けるようになった。自分の限界に挑戦することをよろこんでるみたいね」

若い人びとが、兵役によってどんなふうに変わっていくのかも、興味深いところである。

7 自分に戻る「死海」と「ネゲヴ砂漠」

死海は、それ自体が「世界でいちばん大きなスパ」ともいわれる。豊富なミネラルを含んだ水や泥は、健康や美容に効果があるとされるからだ。

「死の海」というちょっと怖いネーミングは、塩分が33％あって、魚がすめないことから。実際は、ほんの少しはいるらしいが、たしかに釣り人はまったくなし。イスラエルでは、「塩の海」（海といっても湖なのだけど）と呼ばれていて、沿岸には塩水を利用した化粧品などの工場が建っている。近年、水が蒸発して、どんどん陸地が広がってきていることから、大量に水を流し込んでいるとか。

体がやさしく水のなかに包まれるように浮く死海

私たちが泊まるホテル「ダニエル・デッド・シー」があるエン・ボケックという地域は、高級リゾートホテルがずらりと並ぶ。ヨーロッパ各地から、バカンスや病気療養などのために訪れている人が多い。

ホテルには泥パックが置いてあったので、試しに顔や体に塗ってみる。数分置いて流すと、たしかにエステのあとのように、しっとりすべすべ。肌の細胞がよみがえってくるよう。

ホテルからビーチまでは、水着のまま行ける。ビーチには、全身の肌という肌に泥を塗りまくって真っ黒になっている人、肌を焼いている人、だれもが思い思いに過ごしている。

死海というと、ぷか〜りと浮かんで本や新聞を読んでいる姿が有名だが、実際も水面には、ぷかりぷかりと仰向けに浮かんでいる人たちがたくさん。早速、私も水のなかに入ってみる。水は太陽の光で温まっていて気持ちいいが、入っただけでは、ほかの海とのちがいは感じない。足をつけてまっすぐに歩ける。しかし、仰向けになろうとすると、ふわっと足が持ち上がる不思議な感覚。たしかに、ぷか〜りと浮いた！

やさしく水のなかに包まれている、この安心感はなんなのだろう。しかも、ここは地球でいちばん低い場所。大の字になって空を見ていたら、地球の深い懐のなかに入っているような穏やかな気分になってくる。塩には除菌効果や浄化作用があるというけれど、体だけでなく、こころからも余計なものは取り除かれていくようだ。体もこころも元気になるってことは、本来の自分に戻っていくことだったんだ。

エン・ボケックからネゲヴ砂漠の北側まで1時間弱で行けるというので、ジープツアーで連れて行ってもらう。

砂漠といっても、白っぽい砂だけではなく、褐色の土、赤茶からグレー、真っ黒いものまで混在している。

奥に入っていくと、さまざまな色の地層がバームクーヘンのように重なる巨岩が、あちこちに姿を現す。そのどれもが奇岩といえる不思議な形をしていて、神秘的でうつくしい光景だ。

にょっきり高く突き出た岩から、ごつごつとしたレンガを積み上げたような岩、断面をばっさりと垂直に切り取ったような岩山まで、同じ場所にあるのが不思議なほどバラエティに富んでいる。足元の石を拾うと、白っぽい石は塩の結晶のようにキラキラ輝いている。

乾期はちらほら砂漠の植物があるだけだが、雨期になると、一面、緑に覆われるというのにもおどろく。厳しい自然のなか、1年を通して変わり続け、さらに長い歳月を通して変わり続けるのも、この大地だ。

砂漠のような厳しい環境で生存しようとする力って、どれだけ強いんだろう。姿をどんどん進化させながら、うつくしい世界を築いていく。

そういえば、エリコさんが、こんなことを言っていたっけ。

「ユダヤ人は、〝サブレス（サボテンの実）〟って呼ばれているんです。一見、刺々《とげとげ》しいけど、中身はジューシーでやわらかいんですよ」

日本人の私から見ると、それぞれがとても正直に生きているように見える。人によっては多少、尖っているように感じるかもしれないが、とても気さくで人情味あふれる人たち。

でも、そうした意味だけじゃなくて、水のない砂漠など、厳しい環境でも、栄養を吸収しながら生き抜いてきた、たくましい生存力をもったサボテンのようだと感じるのは、私だけだろうか。

イスラエルは、旅するのにたいへん効率的な国である。日帰りできるような距離に世界の人を魅了するスポットが点在している。世界遺産のエルサレムにマサダ、死海、ネゲヴ砂漠。地中海沿岸の大都市テルアビブ、緑に囲まれたガリラヤ、紅海に面したエイラットはリゾートとして有名。気候も、地中海性気候、亜熱帯気候、砂漠気候……と、少し移動しただけでガラリと変化する。

なにより魅力的なのは、そこで暮らす人びと。さまざまな文化や歴史や宗教を背景にもった人たちが、共存しながら新しいものをつくっている。たくさんのものをもち寄っているようだが、共通する目的を軸にもちながら変化している。人と「ちがうこと」があたりまえの社会だから、自分の力を伸び伸びと発揮していく。人と「同じこと」を求める社会では、どれだけいい能力をもっていても、それが潰され、生きづらくなる。イスラエルの空気のなかにいると、「自分らしく」なんて考えもしないほど、自然な自分に戻っていく。

8 進化するイスラエル・オペラ

死海地方にやってきた大きな目的は、年に一度、野外劇場で開かれるオペラを観ることだ。マサダを望む砂漠で開かれるこのイベントは、今年で5回目になるそうだ。

じつのところ、オペラ初心者だ。興味もなかった。が、砂漠のなかでオペラをするなんて、面白そうではないか。どんな劇場なんだろう、どんな人たちが来るんだろう、どんなオペラの世界が繰り広げられるんだろう……と、「イスラエル・オペラ」への興味はどんどん膨らんでいった。

演目は「トスカ」という世界中で公演されているたいへん有名な作品だ。少し予習したところによると、画家カヴァラドッシと、その恋人の歌姫トスカの物語。カヴァラドッシは脱獄した政治囚を助けたために死刑宣告され、トスカは、愛する彼を救おうと殺人を犯す。カヴァラドッシを助けられたと思ったものの、彼は処刑され、トスカも彼の後を追って自殺する……という悲劇。カヴァラドッシが逃げたり、隠れたり、トスカが勘違いをして焼きもちを焼いたり、殺人が起こったり……と見せ場が多くて、言葉がわからなくても理解しやすいらしい。きっと大丈夫。

砂漠のど真ん中のオペラ劇場

その日の午後、公演に先だってホテルでは、オペラを主催する政府関係者、イスラエル・オペラ委員会会長、舞台プロデューサーなどの記者会見が開かれていた。会場には国内だけでなく、アメリカやヨーロッパなど各国の旅行ジャーナリストやオペラの専門家などが集まっている。

イスラエル・オペラの歴史はとても独特だ。ロシアやオーストリアや東欧、イタリアでオペラをやっていたユダヤ人たちが、この地に戻ってきたとき、主役級の歌手があまりにも多かったため、有能な人でも脇役をやっていたほど。舞台演出や衣装も各国の文化が混じり合っている。イスラエル建国後も舞台芸術を極めるために、ヨーロッパ各地へ留学する若者が多いという。

記者会見での主催者たちの話からわかったのは、イスラエルの人びとの、「世界遺産マサダと大自然とオペラを融合させて、どこにもないイベントを開きたい」という奇想天外なチャレンジであるということ。そして、世界中の人に来てもらい、イスラエルを見てほしい、理解してほしいという熱い思いだ。

イスラエル人であり、イタリア・オペラで活躍してきたオーケストラ指揮者、ダニエル・オーレン氏は、こう熱く話した。

「音楽も、人間も、人生もつねに変化している。そんなすばらしい進化を遂げたオペラの姿を見てほしい」

砂漠のなかで、オーケストラが演奏するのは、風との闘い、自然との闘い、孤独との闘いだったが、情熱が高まれば、難しいものでも可能になるのだと。

もともと音響や照明や舞台の幕があるホールではなく、野外で観衆の目をひきつけるスペクタクルオペラを一から創り出すのは、たいへんな挑戦だったにちがいない。しつこいようだが、ほんとうになにもない砂漠のど真ん中なのだ。

マサダの要塞建築といい、今回のオペラといい、数々の歴史的な著名人といい、ユダヤ人というのは、「まさかそんなことをやっちゃうの?」という、想像も及ばないようなことを考え出し、なんとかやり切ってしまう力があるらしい。

どこまでも続く広い空が赤紫に染まる夕刻、ホテルから出ているシャトルバスに乗って会場に到着。ちょうどいい感じに涼しくなって、風もほとんどない。初夏の夜空には星もちらほら出てきた。

ゲートを入ると、そこは大人たちの社交場。ワインやコーヒーを飲めて、チョコレートやクッキー、ピザなどが、自由に取れるようになっている。ゆっくり腰かけられるカフェのようなスペースもある。

だれもがおしゃれをしていて、これから始まるオペラに気分が高まっているようだ。子どもや若者はほとんどいなくて、十分な大人だけが、夕暮れの時間を楽しんでいる。砂漠のど真ん中、どこから集まってきたのか、切りとられたように素敵な空間があるなんて、まるで幻の世界に入り込んだようだ。

開演前、プレスに交じって出演者たちの舞台裏もちらりと見せてもらった。たくさんのテントが張られ、出演者たちの衣装部屋、メイク室、控室、そして食堂もある。

衣装をつけた女性が、「あなた、日本人？」と声をかけてきた。

「私の娘は、日本語を勉強しているの。娘は日本に行ったこともあるのよ」

簡単な日本語をしゃべっておどけている。オペラの近寄り難い衣装とメイクで身を固めているのに、気さくで楽しい人。彼女のおかげで、オペラとの距離がぐんと縮まる。

9

大自然のなかの「トスカ」

開演は午後9時半からという大人の時間。会場に入ると、その舞台の光景に息を呑む。広いステージの後ろには、あの巨大なマサダの岩山がどーんとそびえ、白い光でライトアップされている。マサダが、まるで舞台の大道具のようなのだ。

オーケストラの楽団員たちがステージの下のスペースに入ってくると、700人が入った観客席は熱気が高まる。会場にはいくつものレーザー光線が放たれ、舞台、オーケストラ、観客、マサダは一体になる。そして、オペラ「トスカ」は始まった。

カヴァラドッシを演じるのは、イタリアのテノール歌手、ファビオ・サルトーリ。世界的に活躍している彼は、今回がイスラエル・オペラのデビューだという。恰幅のいい大柄な体から、伸びのある声が響く。いまさらだが、オペラとは歌だけで進められる劇。すべての台詞にメロディがついている。最初から最後まで歌い通す声力は、まさに芸術。時間をかけて鍛え抜いた賜物だ。

サルトーリの声もすばらしいが、その表現力が見事。警察から追いかけられる焦った様子、恋人のトスカを愛おしそうに見つめる様子など、豊かに表情がくるくる変わる。とくに困った顔が印象的で、コメディ映画を見ているように感じるほど。その迫力ある熱演に、ぐんぐん引き込まれ、逃げ回るカヴァラドッシに感情移入してしまう。

有名歌手トスカ役は、ブルガリアのスヴェトラ・ヴァシレヴァ。さすが競争の激しいオペラ界で選ばれてきただけのことはある。細身の体型ながら、よく通るうつくしいソプラノで、歌姫の風格十分。気の強そうなキャラクターがよく合っていて、情熱的に歌い上げる。オーケストラの奏でる調べも、出演者たちの感情を豊かに表現して、音響は会場を包み込んでいるようだ。

舞台の両側には大きなスクリーンがあり、英語の字幕もついている。このカメラワークがすこぶるいい。通り一遍な撮り方ではなく、ドラマのように細かい部分まで映し出す。

教会で大勢の合唱団が出てきて、神への賛美を歌う姿は幻想的。オペラは総合舞台芸術だというが、歌や演奏だけでなく、演出や衣装、舞台美術など、すべてが一体になって舞台を構成していく。そのなかに、背景のマサダや星のまたたく夜空、砂漠の空気も含まれる。

「これが、オーレン氏の言っていた〝進化したオペラの姿〟だったのか……」と心の底から納得した。

クライマックスの、カヴァラドッシが銃殺されてトスカが泣き叫ぶシーンは、胸が詰まるような迫力。舞台が終わると感極まった観客は熱い拍手を送り続けていた。

イスラエルという国について、改めて考える。つくづく目が離せない国であると思う。人びとの強い思いゆえか、絶えず変わり続ける。たくさんのものを受け入れて、進化していく。しかし、そこには、いつまでも「変わらざるもの」もある。「大切なものを大切にしたい」という一貫した軸がある。民族のこころ、歴史、文化、自然、家族、そして一人一人の人生……。そんな「変わらざるもの」があるから、変化に耐えうるのだ。軸がなければ、振り回され、流されて、本質はなくなってしまう。存在自体がなくなってしまうのかもしれない。へんな方向に行っているなぁ……というときは、大抵この軸がなくなっている状態だ。

生物の進化論を唱えたダーウィンは、「生き残るのはもっとも強い者でもなく、もっとも賢い者でもない。それは、変化にもっともよく適応した者である」と言ったという。生物だけでなく、国、企業、地域、家族など、どんなときも、どんな環境でも、「生き抜こう」とすることで、大切な目的をもって方向性はできていくのだろう。

これは、一人の個人にもいえることなのかもしれない。

自分にとって大切だと思う「変わらざるもの」がある。それは、人から言われたものではなく、人に合わせるものでもなく、自分のこころが大切だと感じるものだ。

そんな「変わらざるもの」のために、目の前のことに真正面から取り組んでいるうちに、自然に変化は起き、地層のように積み重なった大きな力になっていく。

だから、大切なものをこころにもち、しなやかに変わり続けていこう。嘆きの壁で祈ったからなのか、進み続けていれば、明日は明るいように思えてきた。

第5章

『情熱があれば、道は自然にできていく』

――イスラエル(後編)

イスラエル

1

世界につながる「ヤッフォ」の扉

ふわっと海の香りがした。死海からバスで4時間。広大な砂漠地帯や、近代的な工業地帯を東から西に抜けて、地中海側へとやってきた。

縦長のイスラエルは、南と北、東と西ではまったく気候が異なる。日本の四国ほどの、それほど広くない面積のなかで、別の国に来たかと思うほど、湿度も気温も、陽射しも風もガラリと変わる。南部は雨がほとんど降らない砂漠だが、北部は森林や滝など豊かな自然に覆われていて、四季がハッキリとしている。エルサレムなどの高地では、雪が積もる年もあるらしい。

地中海が近づくと、射すように厳しい暑さから、やさしく、さわやかな陽気に変わった。

西海岸で最初にたどり着いたのは、古代から栄え、聖書にも登場するという港町〝ヤッフォ〟である。イスラエル第二の都市テルアビブの隣町で、現在は合併されているが、良港をもつこの地は、さまざまなドラマを生み出してきた。

街の入口には、時計塔があり、石造りの家々は、西洋と東洋、そしてアフリカにも通じるエキゾチックな雰囲気。なるほど、この街は4000年も昔から、世界をつなぐ重要な〝扉〟になっていたのだと理解する。紀元前10世紀のダビデ王の時代には、世界各地から取り寄せた輸入品を、ここからエルサレムに運んだり、ソロモン王の時代には、神殿建築に使うレバノン杉を荷揚げしたりしたという。

車も列車もない時代、陸路での移動はたいへんだが、海の上では、人や物の移動はよりたやすくなる。まるで湖の対岸に渡るように、ローマやスペインやモロッコなど、地中海沿岸のさまざまな地域に、ここから移動していったり、交流したり、そしてまた戻ってきたり……と行き来を繰り返していたのだ。

エルサレムを征服したローマ軍は、ユダヤ人が戻ってこないようにと、紀元70年から60年以上にわたって、ヤッフォに軍を配備していた。これがユダヤ人の長い長い移動生活の始まりであり、ふたたびユダヤ人がこの港町に戻り始めたのは、18世紀末ごろになってからだ。

ヤッフォの旧市街は、海側が小高い丘になっている。坂を上がっていくと、中央にケドゥミーム広場があり、土産物店や観光案内所、おしゃれなレストランがある。

広場から海のほうに狭い路地を入り、階段を下りていった突き当たりの、ひっそりとした場所に「ハウス・オブ・シモン」と書かれた、ちいさな家がある。いまもアルメニア人の家族が住んでいるという古い石造りの家は、キリスト教が世界に広がる一歩を踏み出した場所でもある。

ガリラヤの漁師からイエスの弟子になり、とくに信頼されていたペテロは、イエス亡きあと、ここ、皮なめし職人シモンの家に身を寄せていたことがあり、その屋上で死者を蘇らせるという奇跡を起こした。そのことを伝え聞いたローマ軍の百人隊長コルネリウスが、「イエスの信仰を教えてほしい」とペテロのもとに使者を送ったことが、キリスト教を異邦人に伝えるきっかけになった。

のちにペテロはローマで亡くなり、その場所に建てられたのがバチカンのサンピエトロ大聖堂。「サンピエトロ」というのは、聖ペテロのイタリア語読みであり、ペテロは、カトリックの初代ローマ教皇になった。……ということを、私は、イスラエルを旅して、初めて知った。旅をしていると、これまで知っていたことの断片的な点と点がつながり、突然全体像が見えてくることがある。今回のイスラエルの旅はとくに「なるほど。そういうことだったのか！」と視界がぱーっと開かれる瞬間がたびたび訪れた。

ヤッフォを起点に伝道の旅に出たペテロを記念して、ケドゥミーム広場には、「聖ペテロ教会」が建っている。19世紀末に建てられた比較的新しい教会だ。

また、広場のあちこちにはフランス軍の軍服を着たナポレオンがヤッフォを案内する看板もある。

「どうして、ここにナポレオン？」と思うが、ヤッフォはナポレオンにとっても重要な場所だった。1799年、ナポレオン率いるフランス軍が中東に攻め入ったとき、占領して砦を築いたのがヤッフォ。そのとき、地元住民だけでなくフランス軍でペストが大流行して多数の死者が出た。パリのルーブル美術館にある「ジャファのペスト患者を訪れるナポレオン」という作品は、ヤッフォに兵士を置き去りにして撤退したナポレオンを、意図的に英雄視して描いたものともいわれる。時代こそちがうが、世界のカトリック教会のトップについたペテロと、ヨーロッパ政治のトップについたナポレオンが、ヤッフォで交差しているというのは、単なる偶然ではなく、この場所になにか地理的、歴史的な力があるように思えてくる。

現代のヤッフォの旧市街は、散策が楽しくてたまらない場所だ。ときどき路地の合間から、グリーンがかった地中海が覗く。眼下にちらりと見えるイスラエル国旗の立つちいさな岩は、「アンドロメダの岩」という伝説が残っている。エチオピアのお姫様アンドロメダが、海を荒らす大鯨を鎮めるための生贄《いけにえ》としてこの岩に縛りつけられたが、そこを通りかかったゼウスの子ペルセウスが大鯨を退治してアンドロメダとめでたく結婚した……というギリシャ神話だ。ヤッフォでアフリカのエチオピアが出てくるギリシャ神話が言い伝えられているのも、なんとも不思議だが、それだけこの地が世界のあらゆる場所にアクセスしていたということなのだろう。

明るく開放的なテルアビブ

　ヤッフォの高台から眺めるテルアビブの海岸と、にょきにょきと高層ビルが建つ街並みは、たいへんうつくしい。ビーチにぎっしりといる人びとは海遊びを思い思いに楽しみ、はしゃぐ喧噪が平和的に響いてくる。そのあっけらかんとした現代的な明るさは、これまで見てきたエルサレムや死海、ネゲヴ砂漠などの示すイスラエルとはまったく異なる世界観があり、戸惑ってしまうほど。イスラエルという国は、「これでもか！」というように、つぎつぎにインパクトある異なるカードを切ってくる。

ケドゥミーム広場の南側の入口にあるのは、「イラナ・グール美術館」。絵や彫刻など現代美術のアーティストであるイラナさんは、ダライ・ラマやオバマ大統領など、世界中の著名人とつながる有名な女性らしい。美術館には要人との写真がずらりと貼ってある。20代のころ、ニューヨークでデザインしたベルトのバックルが人気となって大成功をしたのち、イスラエルに戻ってきたとか。

住居兼美術館にしている古い建物は、18世紀に帰還してくるユダヤ人のための宿泊施設をリノベーションしたもの。まるで現代美術の宝箱のような家である。キッチンやベッドルーム、書斎、吹き抜けなどには、イラナさんの作品だけでなく、アンティーク家具や雑貨、アフリカの民族アートなどが、一見、無造作に置かれているが、洗練されたアートとなって現代の生活に絶妙に溶け込んでいる。

「うつくしい」「神秘的」というより、どちらかというと「奇妙」「不思議」という表現がぴったり。「な、なに!?」と、何度も見返してしまう遊び心がたっぷりの刺激的な作品だ。

地中海の絶景を見渡すテラスには、ちいさな丸いプールがあり、裸のおじさんがスクール水着の女の子たちに懲らしめられているという、イラナさんが制作した彫刻があった。逃げようとするおじさんや、追いつめる女の子たちの表情が生き生きとしてユニーク。70代だというイラナさんの、瑞々しい感性が伝わってくるよう。その日、イラナさんは不在だったが、世界中の著名人に「ぜひとも会いたい」と言わせる女性に興味がわいてくる。

ヤッフォの旧市街は、若手アーティストが集まる街でもあり、迷路のような石畳の路地には、ちいさなギャラリーが並んでいる。いちばん奥の広場には、卵形の鉢に納まったオレンジの木が吊り下げられ、繋った木が宙に浮いているようにも見える。これはイギリス人アーティストの作品で、週末には、この広場で音楽家たちが演奏する姿も見られるとか。

時計塔の近くに戻り、ぶらぶらと歩いていると、地元の人がひっきりなしにやってくるベーカリーショップを発見。ピザ生地の上にハンバーグのようなものや、ホウレンソウやナスのトマトソース煮などがのった惣菜パンが窯でどんどん焼き上げられ、どんどん売れていく。ピザとちがうのは、端っこがくるりと巻かれてお皿のようになっているところ。ちいさい惣菜パンをいくつも買って食べながら、旧市街をそぞろ歩く。通りではほぼ毎日、蚤の市が開かれていて、アラブのアクセサリーや水煙草、陶器など、お手頃価格のものばかりが売られている。古い街のマーケットを散策し、その地域の人と、なんとかかんとかコミュニケーションをとろうとするのは、旅のたまらない娯楽のひとつである。

そうして見えてきたのは、ヤッフォという街のなんでも受け入れてきた懐の深さだ。ヤッフォには、モスクも教会もシナゴーグもある。ユダヤ人とアラブ人が、長い間、仲良く暮らしてきた街でもある。世界中からやってくる若手芸術家が、心地よく暮らしているのも、ヤッフォという街が4000年もの間、つねに世界に目を向けて、必要なもの、新鮮なもの、学ぶべきものを受け入れてきたからなんだろう。

ペテロ、ナポレオンに、イラナさん……新しい世界に踏み出していく人は、いつもこころに明るい太陽のようなものをもって生きている。そう、希望にも似た情熱。熱い思いは、人間の強い意志であり、生きる糧でもある。

2

新しい街、テルアビブの中心にあるもの

20世紀に生まれた都市「テルアビブ」は、ヘブライ語で「春の丘」を意味する。イスラエル建国の父、ヘルツルの小説『アルトノイラント』(古くて新しい土地)の一節からきているという。

テルアビブは、ユダヤ人の〝希望の土地〟でもあった。それまで荒廃していた

アラブ人の土地に、ヨーロッパからユダヤ人60家族が「住みやすいユダヤ人の街をつくろう！」と移住してきたのは、1909年、つまり100年ちょっと前のこと。そのひたむきな情熱が、テルアビブを開拓し、ヨーロッパから帰還するユダヤ人たちの〝希望〟の地となっていった。

初代市長メイル・ディゼンゴフは、「いつかこの街には、2万5000人が住むようになるだろう」と言ったというが、いまでは、多くの国から移民を受け入れて約40万人が暮らし、世界的企業や大使館、大学など、政治・経済・文化の中枢機関が集まる大都市となった。世界的な投資家、ウォーレン・バフェットはこう言ったという。

「石油が目当てで中東に行くなら、イスラエルに寄る必要はない。でも、頭脳や、やる気や、完成度の高さが目当てなら、寄るところはイスラエル以外にはない」と。

新しいものをどんどん吸収して発展する現代的なテルアビブは、保守的なエルサレムとよく比較される。旅の前半で訪れたエルサレムでは、さまざまな民族や宗教が混じり合うなか、ルールや礼儀を共有して、共存していた。服装も宗教的なものが多く、コシェルという戒律の「イカやエビなど、ウロコのない海のものを食べない」というルールがレストランでも守られていた。が、テルアビブは「なんでもあり」といった雰囲気。人びとには、あっけらかんとした明るい開放感がある。

若者はおしゃれな露出度の高い服装で、カップルは街角で人目をはばからず抱擁し合い、これが同じイスラエルなのかとおどろく。長く続くビーチは、リゾートホテルが立ち並び、治安はたいへんいい。ヨーロッパのどの都市よりも安全だと思うほど。ガザ地区やヨルダン川西岸地区を除いては平和な地域であり、世界からの観光客は年間350万人を数える。電車やバスなどの交通インフラも整っていて、想像するよりずっと旅しやすい国なのだ。

私が訪れた数日前には、ゲイパレードをやっていたという。街中に同性愛を応援するレインボウカラーの旗がたなびいているテルアビブは、世界有数の「ゲイにやさしい街」として同性愛者に人気があるらしい。
ともかく、いろいろなものが伸び伸びと自由であり、それがとても心地いい街なのである。

テルアビブの散策は、南部の中心部にあり、一際目立つ高層ビル、シャローム・タワーから始まった。34階建てのオフィスビルの2階には、テルアビブの街が始まったころの貴重な写真や資料が展示されている。

ほとんどなにもなかったテルアビブに、ユダヤ人家族が移住してきたとき、真っ先に建てたのが高等学校だった。タワーのある場所は、テルアビブ初の高等学校が建っていたところだ。

世界のさまざまな場所で財産を失ったり、移住を繰り返したりしてきたユダヤ人には、こんな教えがあるという。

「生きている限り、奪われることのないものがある。それは、知識である」

生活が貧しくて物を売らなければならないとしたら、手放すのは金、宝石、土地。最後まで売ってはいけないのは本である……という教えもあるとか。テルアビブに移住したユダヤ人たちは、地域や国を発展させていくのは〝人〟であると考え、人をつくるための教育にもっともエネルギーを注いできた。

世界の大都市の発展には、その街の人びとの思いが反映されている。テルアビブの政治や経済、文化などの発展の根底には、「生きていく限り、学び、成長し続けたい」という熱い思いと哲学があるのではないか。

3
白い街「バウハウス」と表現者たち

シャローム・タワー近くのロスチャイルド通りは、真ん中に街路樹の並ぶ遊歩道があり、市民の憩いの場になっている。ベンチやカフェには、若い兵士たちがたくさんいて、楽しそうにおしゃべりしている。訓練というより、イスラエルの名所を巡る研修のようだ。若い女性兵士が、後輩の男性兵士を何人も引き連れて歩いている。兵士の制服にユダヤ教のちいさな丸い帽子キッパをかぶっている青年たちもいて、写真を撮らせてもらおうとすると、だれもが笑顔で返してくれる。それは明るくおどけているだけではなく、兵士の任務として、旅行者に接しているようだ。

通りの名前になっているロスチャイルドとは、言わずと知れた、ヨーロッパ経済を席巻してきたユダヤ系金融ファミリーに由来する。18世紀からヨーロッパで財を成し、シオニズム運動やイスラエル建国にも多額の援助をしたことから、敬意を表して「ロスチャイルド通り」と名付けられた。

通りの両側には、「バウハウス様式」といわれる独特なデザインの白いコンクリート住宅が軒を並べる。3〜4階建てで個人住宅にしては大きく、窓やテラスや壁が流線形の丸みを帯びたレトロモダンな家々である。これは1920年代から30年代、ドイツのバウハウスの建築学校で学んできたユダヤ人建築家たちが中心になって建てたもの。バウハウス建築が世界でいちばん多く現存し、「白い街」としてユネスコの世界遺産にも登録されている。伝統と現代芸術を組み合わせた、うつくしいデザイン性と、合理性、機能性を重視した建築様式は、新しい街、テルアビブの象徴にもなってきた。

ロスチャイルド通りの中央には、「独立記念ホール」がある。ホールというより、ちいさな家のような建物で、1948年5月14日、イスラエル初代首相ダヴィド・ベン・グリオンによって、ここで秘密裡に独立宣言が読み上げられた。現在も当時のままの部屋が公開されている。

街をぶらぶらと散策していたら、威勢のいい太鼓の響きが聞こえてきた。和太鼓のような、アフリカのジャンベのような力強いリズムに惹かれて、学校のような建物のなかに吸い込まれていくと、そこは中庭になっていて、男性二人、女性一人のカッコいいダンサーが、太鼓を叩き、踊っていた。

そうだ。ここは、初めてなのに、見たことのある場所だ。間違いない。イスラエルにやってくるちょっと前のこと。私は、ある日本人俳優がテルアビブのダンス・カンパニーに所属して、コンテンポラリーダンスの共同制作や公演、独り芝居を行うというドキュメンタリー番組を観ていた。この場所こそ、彼が1年間、通ったというダンス・カンパニーだ。体を自由自在に使って、さまざまな感情や物語を前衛的に表現するイスラエルのコンテンポラリーダンスは世界的に有名で、本場で挑戦しようとする若者たちが世界各国からやってくるそうだ。

広場のコンテンポラリーダンス

広場には、100人以上の若者たちがいて、ダンサーたちの踊りを手拍子をしながら楽しんでいる。イベントのMCに促されて、若者のなかから何人かが出てきて踊り、そのめちゃくちゃな踊りが大ウケ。ものすごく盛り上がっている。

よく見ると、若者たちはみな同じTシャツを着ていて、後ろには「Ｄｉｓｃｏｖｅｒ ＴＬＶ（テルアビブを発見せよ）」という文字がある。

近くにいた若者に聞いたところ、彼らのほとんどはユダヤ系アメリカ人。どうやら、世界のどこかにいるお金をもったユダヤ人や、その団体が「ユダヤ人の子孫に、祖国イスラエルを見て理解してもらって、できれば新移民として住んでもらおう！」と、祖国へのツアーを支援しているらしい。

ユダヤには、「自分のことだけ考えている人間は、自分である資格すらない」という言葉があるというが、ユダヤ人はお金の使い方も独特だ。民族の繁栄のために投資したり、寄付したりしている国外のユダヤ人富豪も多いと聞く。イスラエルの大きな建築物のなかには、寄付した人の名前が付けられているものもある。長い間、国をもたない民族であったからこそ、自分たちの国に対して、強い情熱があるのだろうか。私たちにははかり知れない世界が、そこには存在しているのかもしれない。

せっかくなので広場にいた若者に話しかけてみる。ワシントンからやってきたというアレックスくん（21歳）は、こんなことを言っていた。

「ボクのなかには、いつも二つの祖国があった。イスラエルには初めて来たけれど、ここはボクの国だとずっと思い続けていた」

ダンスのパフォーマンスのなかで、MCをやっていた女性にも声をかけてみた。コメディっぽい演技で場を盛り上げていたコリンさん（37歳）は女優でもあり、アメリカのテキサス州から移住してきたのだという。

「私はアメリカで生まれ育ったけど、ずっとテキサスが自分の場所って思えず、あまり心地よくなかった。バイオリニストの夫と3人の娘に『私のルーツであるイスラエルに行きたい』って言ったら、みんなが賛成してくれて移住することになったの。アメリカ人の夫はテルアビブの交響楽団で働いているわ」

子どもの教育についても、尋ねてみた。

「イスラエルの学校は、教育において柔軟。親がなにか要望を出すと、アメリカでは、『規則だからダメ』で簡単に拒絶されていたことも、イスラエルでは『できる方法を考えてみましょう』って受け入れてくれる。イスラエルで娘の教育をできてほんとうによかったと思っているの」

イスラエルは、「いいものを受け入れる」という力に長けている国だ。エルサレムのたくさんの宗教が共存する世界もそうだったが、テルアビブでは、生活や文化や価値観がちがう人たちが、いっしょになって優れたものを生み出してきた。

そこには、相手を受け入れる柔軟性と、いっしょになって見つめる共通の目的がハッキリとあったのではないか。

テルアビブという街は、歴史が浅いながらも、優れた芸術家が集まる街でもある。絵画や服飾、ジュエリーなどアート作品のギャラリーが軒を連ねる。なかでもイスラエルのクラシック音楽、オペラ、演劇、舞踊などの舞台芸術は、そのクオリティの高さで世界的に定評がある。やっている人びとが仲間になって、たくさんの人をよろこばせる舞台は、ヨーロッパ各地から移住してきた、背景のちがう隣人たちをつなぐ〝接着剤〟のような役割を果たしていたのだろう。「優れた作品をつくる」、そして「自分たちの街をつくる」という目的のもとに。

死海地方のマサダでのオペラを毎年、実施している「イスラエル・オペラ協会」のホームであるオペラハウスも訪ねた。現代的な建築で、「オペラで新しい中東を表現したい」と、1994年に造られたものだ。

イスラエルのオペラは、1920年代、ロシアやポーランドなどでオペラを学んだ人たちが移住してきたころから始まり、のちに、さまざまな国からの移住者のエッセンスを加えながら、オペラを支える管弦楽団といっしょに発展してきた。

オペラハウスのロビーには、オペラ歌手たちが実際に舞台で着た花嫁衣装がずらりと並んでいる。これは、ロシア、ハンガリー、イエメンなど、さまざまな国の民族衣装を使って、演出や台詞も変えながら、同じテーマを表現しようとする試みで使われたものだ。

テルアビブで上演されるオペラは、言語もイタリア語、英語、ヘブライ語などを使ったり、字幕を表示したりと、世界中の人が理解できるように工夫が凝らされている。ヒップホップを取り入れたモダンなオペラ、子どものためのオペラもある。ホーム劇場であるオペラハウスの舞台は、舞台装置や照明、音響など、それぞれが極められたもので、〝総合芸術〟といわれるオペラの奥深さを感じさせる。

衣装部屋も見学させてもらった。衣装だけでなく、帽子や靴、アクセサリー、かつらに至るまで、さまざまな国のエッセンスが取り入れられているため、バラエティ豊かで、たいへんな数だ。

マサダで上演されたオペラを観たとき、オーケストラ指揮者が言っていたことと同じことを、このオペラハウスのディレクターも口にした。

「イスラエル・オペラは、成長し続けるオペラです」

目的は同じ。でも、方法は無限にある……。そのオペラの枠を超えた表現力は、どこまでも進化していく。

テルアビブは中東の一都市でありながら、なににおいても〝世界〟を意識する場所だ。多くのものが入ってくると、ぶつかり合い、ともすると、共倒れになってしまうこともあるが、テルアビブの街には、類稀なる〝受容〟と、隣人との間に共通する〝目的〟があった。

ユダヤには「出逢った人すべてから、なにかを学べる人こそ世の中でもっとも賢い」という教えがあるという。

ユダヤ人が世界に散り、２０００年におよぶ旅のなかで、学んできた財産は大きい。知識においても、芸術においても、哲学においても、生活やビジネスにおいても、どんな世界であっても、相手を尊重して学ぼうとする気持ちと、明確な目的があれば、私たちはどこまでも進化していける。

世界的に有名なダンス、管弦楽、演劇、オペラなどの公演が観られる劇場が、テルアビブにはいくつもある。つぎに行くときは、ぜひ劇場巡りをしてみたい。

芸術はすべての人に共通の言語。前へ前へと進もうとする情熱に心が動かされるはずだから。

4 ウリさんの身の上話とナイトツアー

テルアビブは、料理もたいへん洗練されている。おしゃれなレストランが多く、味だけでなく、器や盛り付け、インテリア、サービスまで、クオリティが高い。ほとんどのレストランには英語メニューがあり、クレジットカードも使える。イタリアンからフレンチ、東欧料理、中東料理、モロッコ料理……と多国籍料理がそろうのは、この街が世界と近い距離にあるからなのだろう。しかも、どんな国の人にも合うようアレンジしてある。私は、お酒がほとんど飲めないのだが、これらの料理と、イスラエルワインはすごく合って美味しいらしい。

この日は、旅の最後の晩餐。今回の旅でお世話になったイスラエル政府観光省のウリさん、日本人ガイドのエリコさんとの食事となった。

温野菜とチーズのサラダ、ローストビーフ、野菜たっぷりの手打ちパスタ、大きなチョコレートケーキ……と、お腹いっぱいなのに、普段はまったく鳴りを潜めている「降参してたまるか！」という根性が突如わいてくる。

旅に出ると、ダイエットも栄養バランスも、まったくどうでもよくなるものだが、とくに旅の最終日というのは、どうしてこんなに食い意地が張ってしまうのか。「ここで食べとかなきゃ後悔する」という強い確信のもと、まるで今夜、世界が終わるような気分になって限界まで食べてしまう。

その夜のオリーブオイルをからめた手打ちパスタはこしがあって、忘れられない味となった。これは世界を旅していて感じることだが、パスタの美味しさで、その国の国際感覚は測れるように思う。世界中どこにでもあるものだからこそ、そのクオリティのちがいは出る。テルアビブのパスタは、本物を知る人がつくった絶妙な味わいだ。

ウリさんは、最後まであきらめずにパクつく私を見つめて、「美味しいかい？　それはよかった」と、たいそう満足そうに笑う。ウリさんは、父親がロシア出身、母親がイラク出身のユダヤ人。61歳には見えないほど若々しく、たくましく、いつも豪快に笑っている。アーノルド・シュワルツェネッガー演じるヒーローのイメージに近い。

ウリさんに初めて会ったのは、ベン・グリオン空港に迎えに来てもらったときだった。日に焼けて、ラフな格好をしていたウリさんのことを、私は最初、タクシーの運転手さんだと勘違いしていた。が、れっきとしたイスラエル政府観光省の職員であった。

ウリさんは、人をよろこばせることに、とことん真剣で、なんというか、男気のある人だ。私の質問には、なんでも誠意をもって答えてくれるし、観光コースではない場所でも連れて行ってくれる。

大らかで豪快なウリさんと、がんがんとツッコミを入れる日本人ガイドのエリコさんの掛け合いは、まるで漫才のようであった。

「ウリさんの奥さんって、とってもきれいなのよ。ねぇ、ウリさん、どこで知り合ったのか、教えてよ」

エリコさんがツッコむので、私も「写真見せて」と照れるウリさんをさらに攻撃する。スマホのなかにある写真の奥様は、サラサラのロングヘアで、たしかに女優のようにうつくしい。モロッコ系のユダヤ人だという。

「昔々のことだよ。観光省の前に立っていたら、午後2時半きっかりに、きれいな女性が歩いてきた。お茶でもどうですか？　と話しかけると、じっと見つめ合ったあと、彼女はプイと知らん顔をして行ってしまった」

「それから、それから？」と、エリコさんが興味津々に合いの手を入れる。

「翌日も2時半に、彼女は観光省の前を通ったので声をかけてみたが、その日も知らん顔。そして、3日後の2時半、彼女は男と歩いてきたんだ」

「えー？　ライバル出現？」

「私は、その男を呼び止めて『どうして、あなたはこんな美人と歩くことができるのか？　ボクが何度声をかけても返事すらしてもらえないのに』と尋ねてみた。すると、その男は言ったよ。『返事をしないのは、彼女がいま勤務中だからだ。話したければ、夕方7時を過ぎてから声をかけたらどうだい？』とね」

「彼女の上司かしら。親切な人ねぇ」

「そこで早速、7時に観光省の前で待って電話番号を渡したら、彼女から連絡が来たよ。そこからデートをするようになった。1か月ほどして本気度を示そうと、ちょうど1年後の7月に結婚式場を予約して結婚を申し込んだんだ」

「式場の予約とプロポーズの順序がちょっとちがうけど、ウリさんって積極的なんですね」なんて言いつつ、私は感動していた。ウリさんのその情熱に。知らん顔をされても、何度でも声をかける。一か八かで結婚式場を予約する。そんなふうに押してこられると、女はよっぽど嫌でない限り、だんだん情もわいてくるものではないか。だれもが恋愛で傷つくのを怖がっているのか、気恥ずかしいのか、情熱を表現できない国から来た私は、そんな純粋な情熱がまぶしくてたまらない。

「私が31歳、彼女が22歳、あれから30年が経った。子どもが3人、孫が2人。まあ、いい人生を送らせてもらっているよ」

ウリさんは、しみじみと満足そうに家族の写真を見せた。娘さんの一人は、イスラエルで女優として活躍しているそうだ。お母さんに似て、これはまた、たいそう美人。

エリコさんも、「ウリさんは、昔はモテて遊んでいたんでしょうけど、結婚してからは奥さん一筋。だから、家族は幸せだと思うわ。もちろん、ウリさんもね」と、尊敬のまなざしで見つめている。

ウリさんの話によると、イスラエルも時代の流れで、キャリアをつくってから結婚しようとする若い女性が多く、非婚化・晩婚化が進んでいる。いっしょに暮らしても入籍しないカップルも多い。

長い間、国をもたない民族であり、家族や親戚との関係を大切にしてきたユダヤの人びとの価値観も、少しずつ変わろうとしている。

ユダヤには「本質以外のものなら、お金でなんでも買える」という言葉があるそうだ。それはきっと、「幸せの本質は、お金では買えない」という意味の裏返しでもある。

努力して得られる達成感。時間をかけて得られる信頼や愛情。さまざまなことを学んで得られる知性や理性。人を幸せにして得られる満足感……。そんなものは、お金で買おうとしても簡単に手に入るものじゃない。

たぶん、こころに情熱があること。その情熱をもち続けることこそ、ほんとうに欲しいものを手に入れるために必要ないちばんの根っこなのだ。

この旅のなかで何度か、イスラエルの人から「神のみぞ知る」という言葉を聞いた。その言葉は、「悪いようにはならない。だから、情熱をもって生きたいように生きよう」という意味にも聞こえる。

この夜は、ウリさんが若い男性をガイド役としてつけてくれ、何軒ものバーを巡るナイトツアーを楽しんだ。

テルアビブは、眠らない街でもある。ガヤガヤとしたクラブや、しっとり落ち着いたカフェバー、屋外のテラスバー、ゲイバー、レトロなおもちゃコレクションを展示しているバーなど、数限りなくある。私のようなお酒を飲めない者にうれしいチョコレートバー、エスプレッソバーも存在する。ほとんどのバーは、若者から年配の客、女子会、ファミリーなど、どんな人も受け入れてくれる大らかさがある。

オープンテラスのバーに入ったら、犬を連れた老夫婦がとなりに座っていた。子どもが独立して、数か月前に東欧から移住してきたという。深夜に二人で仲良くお酒を飲みに来る老夫婦って、日本ではなかなかない光景かもしれない。

ここに住みたいから、ここで暮らしている。飲みたいからここにやってくる。自分はこんなふうに生きたいから、そうする……そんな自分の情熱に従って自由に行動することを、私は最近、忘れていたのかもしれないと、ふと思った。

5

ヘロデ王の野望の街カイザリア

旅の最終日はまず、テルアビブの北40キロ、地中海に面したところに遺跡が残るカイザリアという街に向かった。ハイテク産業の地、ヘルツェリアを通り、テルアビブの著名人たちが暮らすという高級住宅街を抜けると、カイザリア国立公園が見えてくる。

イスラエルで「カイザリア」と言っても通じない。「ケイサリア」というような発音をする。かの有名なローマ皇帝カエサルに敬意を表して「カイザリア」と名付けられたという。

カイザリアは、ヘロデ王が海の玄関口として、アテネに匹敵する港町をつくろうという野望をもち、大規模な都市建設を行った場所だ。ローマから遣わされたユダヤ総督が代々居を構えた街、のちの十字軍が砦とした場所、キリスト教徒にとっては、パウロがローマ宣教に旅立った聖地でもある。

今回のイスラエルの旅でたいへん興味をもった人物の一人は、紀元前のユダヤを統治したヘロデ王だった。旅の前にも後にもそれに関する本を読んだが、知れば知るほど、ヘロデ王は賢い偉人であり、とんでもない狂人でもあることがわかる。プラスにもマイナスにも、想像を絶するような大それたことをやってしまう人なのだ。

ヘロデ王を簡単に紹介する。

権力闘争のなかローマの後押しでユダヤの王になったヘロデ王は、国内的には、都市、神殿、導水橋などの建築事業に力を入れ、「土木王」と後に呼ばれた人物だ。熱心なギリシャ・ローマ文化の崇拝者であったヘロデ王は、東西から優れた学者、建築家、彫刻家、画家、職人などを集めた。なかでも、エルサレムの第二神殿の修復工事、マサダの要塞、そしてこのカイザリアの巨石を使った都市建設は、ヘロデ王の三大建築事業といわれるものだ。

砂漠の上ににょっきりとそびえるマサダの丘を見て、「ここに要塞を造ろう」、地中海と遠くの山を見て「長い導水橋を造って水を引っ張ろう」と思ったヘロデ王は、信じられないほどの情熱と実行力をもった人だったのだろう。だから、だれもが「やれたらすばらしいけれど、難しいでしょう」と思うことをつぎつぎとやってしまう。

ヘロデ王は、フットワークの軽い政治家でもあった。ローマの三頭政治の一員アントニウスを頼ろうと、エジプトやローマに出向いたり、それがもとでエジプトの女王クレオパトラに嫌われたり、ローマの頂点に立ったオクタヴィアヌスに接近するため、現在のギリシャのロードス島に出かけたり……と地中海をくるくると立ち回った。

また、飢饉や災害時には、市民に国庫から穀物を提供するだけでなく、遠くギリシャまで援助したという。寄付を受けたオリンピア市民は、ヘロデ王に感謝して、オリンピックの総裁に選んだほどだ。

一方で、ヘロデ王は晩年、猜疑心《さいぎしん》の塊になって妻や息子、部下の多くを反逆罪で処刑した。ベツレヘムで救世主、イエス・キリストが生まれたと聞き、2歳以下の幼子をすべて殺してしまったと新約聖書にも書かれている。

ユダヤの教えのひとつに、「知者がまちがうときは、恐ろしいほど根本的にまちがう」とあるらしいが、ヘロデ王は一面では知者であったからこそ、ちいさな猜疑心が、大きな確信をもって、とんでもない方向に進んでいったのだろう。

旅をするようになってから、初めて歴史を面白いと思えるようになった。その土地の歴史をある程度、予習してから行くと、さらに旅の面白さは増すが、実際予習してもなかなか頭に入ってこない。旅は復習が大事。帰ってきてから本やインターネット、美術品など、その国に関する情報に、ふたたび触れ、その地の復習をすると、さらに新しい発見がある。「あの場所ってそんなにすごい場所だったのか！」「なるほど、だから、いま、こんなことになっているのか！」と思い返す。

つまり、旅の楽しみを3度も4度も味わいつつ、その都度、新しいものを発見し、感動していることになる。

私にとって、歴史を知ることは、昔を知ることじゃない。いまを知ることだ。旅のなかで出合った現代に存在するものの背景や裏付け、そして流れを知ることができるから、歴史に興味をもち、吸収できるようになったのだ。


カイザリア国立公園を入って左に進むと、発掘されたローマ時代の人型の彫刻があり、地中海に向かって円形劇場がある。ほんとうにヘロデ王という人は、ローマ文化の熱狂的な信者だったんだろう。

この劇場は海風にのった音が隅々まで響くように、海に面して設計されたもの。座席の傾斜は意外に急で、ホールのように音響効果がありそうだ。修復が施された現在でも、地中海や夕陽をバックにコンサートなどが開かれている。とくに毎年6月に開かれるジャズ・フェスティバルは、世界中からアーティストが招かれる有名なイベントとなっている。

ローマ浴場ととなり合わせにある細長い競技場では、当時、さまざまな競技が行われた。戦車を数頭の馬に引かせる競馬は、市民がいっしょになって楽しむための娯楽だった。ときには、ライオンと罪人を見せしめとして戦わせることもあったという。

カイザリアには、ヘロデ宮殿と呼ばれるローマ総督の官邸、13世紀の十字軍時代に造られた要塞跡など、さまざまな時代のものが折り重なるように存在している。国立公園のいちばん北側の海岸線には、アーチ状の壁が延々と続く導水橋が見事な状態で残っている。これもヘロデ王の時代に造られたもので、地中海をバックにした橋のデザインがとてもうつくしい。

もちろん、機能性もばっちりだ。アーチの上部の溝に直径17センチの陶器の水道管が通っていて、一本は農業の灌漑用水、もう一本はカーメル山から9キロにわたって延び、市民の飲料水がカイザリアの街まで運ばれた。いまは波に流されて南端で途切れているが、約1200年間、実際に使われ、いまも重ねられた石がほぼ原形をとどめているのだから、耐久性も優れているということだ。

2000年以上前にこんな土木工事をやってしまうヘロデ王は、やはりものすごい情熱、いや、野望をもっていた超人だったにちがいない。理由はどうであれ、

ヘロデ王により建設されたカイザリアの導水橋

ヘロデ王がガリラヤの知事から王の座に上り詰め、即位していた33年の間、都市や港の建設を行って、閉鎖的だった不毛の地を開国し、この地を繁栄させたというのも史実だ。ちなみにヘロデ王の死後、彼の狂気から生き残った3人の息子がこの地を三分割して統治。その後、数世代、ローマに攻められたり、反乱したりしながらも、最終的にはローマ帝国に飲み込まれていく。

ヘロデ王の熱すぎる思いは、狂気でもあったが、思いの強さが現実をつくっていくことを証明した人

でもあった。

6 シャクシューカ博士の情熱

ウリさんが「最後にどうしても連れて行きたい場所がある」と言うので、「それでは、なんとしてでも行きましょう！」とふたたび、テルアビブの南、いちばん初めに行ったヤッフォの旧市街に戻ってきた。

そこは、ウリさんの友人がやっているという「ドクター・シャクシューカ」というお店。数日前にヤッフォに行ったときは、ちょうど土曜日で定休日だったらしい（イスラエルでは金曜日の日没後から土曜日の日没後までが週末。日曜は学校も仕事も通常通りやっている）。

シャクシューカとは、花の名前のようで、かわいらしい響きのある言葉だが、料理の名前。トマトを煮込んだスープの上に、卵を落として半熟にした北アフリカ料理だ。元気がつくので、朝ご飯に出てくることも多い。ホテルの朝食のバイキングでも、ときどき見かける。

顔は怖いけど優しいビノさん

ニコニコと歓迎してくれた「ドクター・シャクシューカ」、つまり、シャクシューカ博士のビノさんは、一度、会ったらぜったいに忘れられないインパクトのある人だった。恰幅がよくて、マフィアのボスのような貫禄がある。

ビノさんは、シャクシューカに対して、たいへん熱い思いをもっている。リビア出身のお父さんがこの店を始めたのは1965年のこと。ビノさんも40年間、シャクシューカをつくり続けてきた。

サービス精神満点のビノさんは、早速、調理方法を披露してくれる。レストランの中央にはビノさん専用の調理場があり、彼が調理している様子を見られるようになっている。

まずは、よく切れる包丁で、トマトや玉ねぎを、テンポよくサクサクと切っていく。ビノさんが「これが、いちばんよく切れるんだよ」というお気に入りの包丁は、なぜか日本の包丁専門店のものだ。

フライパンでニンニクと牛肉のミンチを炒め、別のフライパンにトマトや玉ねぎを入れて炒める。その二つを合わせて煮詰め、最後に20個ほどの卵をポンポンと割り入れて半熟にしたら出来上がり。味付けは、塩といくつかの香辛料だけで、いたってシンプル。

「簡単だから、いちばん美味しいんだよ」

ビノさんは、両親たちがリビアからもってきた財産、シャクシューカに誇りをもっている。イギリスの「ロイヤル・シェフ」という人気料理番組で優勝したり、ドイツの料理番組にゲストとして招かれたり、国内外の料理番組に引っ張りだこなのも、40年間、シャクシューカだけにエネルギーを注いできたからだ。世界中、優れた料理人はたくさんいるが、このシンプルな料理一品だけで有名になった人は聞いたことがない。

「さあ、どうぞ召し上がれ」とフライパンごと、テーブルに出す。この飾らなさ加減がいい。

一口食べると卵とトマトのうまみが体中に広がっていく。少しばかり、ピリリとしてやさしくて、温かくて、懐かしい……初めて食べるのに、そんな味。私は、これからときどき、この味を思い出すことになるはずだ。

そのシャクシューカの味は、ホテルの朝食で食べたものとは、まるでちがった。シンプルなのに、繊細なのだ。トマトの切り方から、卵の半熟の具合まですべて図られたように絶妙で、食の〝芸術作品〟といってもいいほど。おみごと。ドクター・シャクシューカ。

アーノルド・シュワルツェネッガーのようなウリさんと、マフィアのボスのようなビノさんの、迫力あるおじさんコンビが並んで、「美味しいかい？ それは、よかった、よかった」と、うれしそうに、パクつく私を眺めている。

「私がつくったものを、よろこんで食べてくれるのがうれしいんだよ」と、ビノさんも幸せそうに、いっしょに食べる。シャクシューカを限りなく食べているはずなのに、ビノさんはほんとうに美味しそうに食べる。汗をかきながら。

私も負けずに食べる。ここで食べなきゃという気持ちは、帰国直前でマックス状態だ。卵って、普段は1日1個、多くても2個しか食べないが、ここでは7〜8個食べたんじゃないだろうか。

ビノさんは5人の子ども、12人の孫に恵まれ、ファミリーで店を経営している。オープンテラスのある広い店内は、自分たちでペインティングしたり、ビノさんのコレクションの鍋を天井からぶら下げたりと、温もりがあって遊びごころがいっぱいだ。

子どもたちは、みんなビノさんを尊敬していて、父親に逆らうことはないという。

「だって、父の言うことは正しいですから、なにも言い返せないですよ」と笑うのは、娘婿の若者。ビノさんのようにシャクシューカをつくろうとしても、けっして同じようなものはつくれないのだとか。

ビノさん家族は、金曜日の朝は、近所の人たちにシャクシューカをふるまい、いっしょに食べる。「ヤッフォは、昔ながらの下町。みんな、〝おたがいさま〟っていう気持ちがあるんだよ」と。

土曜日は家族でイスラエル国防軍を訪ねて、数百人もの兵士にシャクシューカをふるまう。大きな鍋をいくつも使い、何百個もの卵を割って。体を使う兵士たちにとってシャクシューカは、一度に元気も栄養もつく優れた料理だ。

これらは、すべてお金はもらわないでやっているというから、おどろく。

「人生は短い。お金のことばかり考えて過ごすより、自分のやりたいことをやったほうがいいだろ？」

彼もまた、人生の本質を理解している。「自分のつくったもので、人を幸せにしたい」という情熱のもとに、生きているのだ。

ビノさんは、「人生はいつも未完成。絶えず進化している」とも言った。だから、同じことをやっていても、いつも新鮮。「ロイヤル・シェフ」で優勝しても、有名になっても、自分のもっているものを出し惜しみすることも、驕《おご》ることもない。

やりたいことをやっている人は、なんてさわやかな顔をしているんだろう。

「いい人生を送らせてもらっているよ」……ウリさんの前夜の言葉が思い出された。

テルアビブは、だれもがなにかへの情熱をもって暮らしている街。だから、さまざまなものを受け入れ、吸収していく。それぞれの目的、共通の目的のもとに、大きな力を発揮していく。

情熱があるから、受け入れられる。
情熱があるから、勇気をもてる。
情熱があるから、成長していく。
情熱があるから、自然に道は切り開かれていく……。

大切なことは、情熱をもとうとすることじゃない。自分が情熱的に思ったことを大切にすることだ。そして、その目的を見失わないこと。

私はこの旅が終わってから、ひとつ決心した。

「この人生で、どうしてもこれだけはやっておきたい」というテーマが生まれてきたのだ。それは「嘆きの壁」で祈ったことと合わさって長期的なライフワークになっていくだろう。

でも、そんな情熱がもてるものを見つけた瞬間、私はとてもラクになった。「どうしてもこれだけは叶えたい。あとのことは、どうでもいい」と思えてきたからだ。

情熱に突き動かされたことをする。

情熱がもてないことなら、しなくてもいい。

だれだって自分の生きている場所で、「この思いだけは叶えたい」と思う情熱の泉があるはずなのだ。情熱に従うこと、情熱の火を絶やさないことが、「幸せな人生」の道のりになっていくんじゃないか。

「神のみぞ知る」……先のことはわからない。でも、情熱があれば、自然に道はできていくのだから――。

追記

2015年6月、イスラエルを旅した3か月後、私は、ドイツのベルリンに行く機会があった。そこには、第二次世界大戦の前までユダヤの人びとが、力強く生きていた痕跡があった。

街を歩いていると、ときどき、路面に埋め込まれた金色のプレートが目に留まる。その場所で暮らしていたユダヤ人の名前、強制収容所で亡くなった年などが刻まれた、この「つまずきの石」は、ドイツを中心に1万7000個にもなるという。

ユダヤの人びとは、あまりにも自然に、そして、地に足をつけて、この街で暮らしていた。ユダヤ博物館では、そんな人びとの日常や、その後、たどった道のり（亡くなった人や移住した人など）を紹介している。

旧ユダヤ人女学校だった建物は、いまはギャラリーとして使われているが、いまにも女学生が笑いながら出てきそうな雰囲気がそのまま残っている。黄金のドームが輝く新シナゴーグは、かつてはドイツでもっとも大きいシナゴーグとしてユダヤ人が通っていた場所である。現在も豪華で堂々とした佇まいのドイツ最大のデパート、カーデーヴェーは、1907年にユダヤ人実業家が、アメリカのデパートをモデルにして建てたものだ。繊維工業、金融業、建築家、商人……至るところに、ユダヤの人びとはいて、役割をもって生きていた。学生たちは、どの場所でも生きていけるようにと、語学を中心に、積極的に高度な知識を学んでいた。

ユダヤ博物館で聞いた、かつての金庫職人の思い出話が印象的だった。

「当時は泥棒が多くて、どんな金庫をつくっても、彼らに鍵を開けられてしまう状態だった。泥棒との知恵比べで、私は、だれにも開けられない金庫をつくってやろうと必死だった。そして、鍵穴が二つあって、金庫の持ち主と銀行員の二人が鍵を入れないと、開けられない仕組みの金庫をつくり出した。そんな仕事は、私の生き甲斐だったよ」

博物館には、その〝だれにも開けられない金庫〟が残っている。

その後の悲劇の歴史を考えると、彼らがこころにもっていたものは、ポジティブな気持ちばかりではなかったはずだ。

でも、生きるため、生き抜くためには、前に進むための〝目的〟が必要だった。それを「情熱」と呼ぶのかもしれない。そう、「希望」に似ているけれど、もっと主体的な「情熱」。

ベルリンの穏やかな空気に浸りながら、過去の人びとが持った情熱の余熱を肌に感じた気がして、涙があふれた。


この旅の連載を続けながら、旅することとは、これまで見えていなかったものが見えてくることだと思うようになった。遠い世界のことだけでなく、これまであたりまえのように見ていた身近な世界や自分自身のなかに、「あぁ、そういうことだったのか」という新しいものを発見する。

いつだって私たちは、多かれ少なかれ、旅をしている。未知なる世界を旅するほど、まだ知らない景色が広がっていることを知り、もっと先の景色を見てみたいと駆り立てられて、また旅に出る。

大切なのは、どこかにたどり着くことではなく、旅そのもの。きっと人は、旅をするために、旅をしているのだ。

本書は、「パピルス」57〜59号、62〜63号に掲載されたものに、
加筆修正を加えたものです。

装　丁・next door design
写　真・有川真由美
DTP・美創

著者プロフィール

有川真由美

ありかわ・まゆみ

鹿児島県姶良市出身。台湾国立高雄第一科技大学応用日本語学科修士課程修了。化粧品会社事務、塾講師、科学館コンパニオン、衣料品店店長、着物着付け講師、ブライダルコーディネーター、フリーカメラマン、新聞社広告局編集者などその数50の職業経験を生かして、自分らしく生きる方法を模索し、発表している。また、世界約40か国を旅し、旅エッセイやドキュメンタリーも手がける。著書に『遠回りがいちばん遠くまで行ける』『上機嫌で生きる』（ともに小社）他多数。

人生で大切なことは、
すべて旅が教えてくれた

2016年9月10日　第1刷発行

著　者　有川真由美
発行人　見城 徹
編集人　福島広司

発行所　株式会社 幻冬舎
〒151-0051　東京都渋谷区千駄ヶ谷4-9-7

電話　03(5411)6211(編集)
03(5411)6222(営業)
振替　00120-8-767643
印刷・製本所　中央精版印刷株式会社

Printed in Japan
ISBN978-4-344-02997-2　C0095
幻冬舎ホームページアドレス　http://www.gentosha.co.jp/

この本に関するご意見・ご感想をメールでお寄せいただく場合は、
comment@gentosha.co.jpまで。